Diogenes Ta

FRIEDRICH DÖNHOFF, geboren 1967 in Hamburg, ist in Kenia aufgewachsen. Er studierte Geschichte und Politik und verfasste mehrere Biographien, darunter den Bestseller *Die Welt ist so, wie man sie sieht – Erinnerungen an Marion Dönhoff*. Seit 2008 schreibt er Kriminalromane um den jungen Kommissar Sebastian Fink. Friedrich Dönhoff lebt in Hamburg.

Friedrich Dönhoff

# Die Welt ist so, wie man sie sieht

*Erinnerungen an
Marion Dönhoff*

Diogenes

Die 2009 im Hoffmann und Campe Verlag, Hamburg,
erschienene überarbeitete und erweiterte Neuauflage
wurde für die vorliegende Ausgabe
noch einmal vom Autor überarbeitet und erweitert
Die Fotos im Bildteil stammen aus dem Archiv
der Marion Dönhoff Stiftung oder
aus dem Privatarchiv von Friedrich Dönhoff
Covermotiv: Foto von Klaus Kallabis
Copyright © Klaus Kallabis

Veröffentlicht als Diogenes Taschenbuch, 2012
Alle Rechte vorbehalten
Copyright © 2012
Diogenes Verlag AG Zürich
www.diogenes.ch
10 / 21 / 852 / 4
ISBN 978 3 257 24168 6

# Inhalt

Geschichte einer Freundschaft  8
Alltag in Hamburg  19
Reise nach Südafrika  55
Reise nach Ostpreußen  69
Zeit des Rückblicks  84
Reise nach Masuren  95
Reise in den Schnee  101
Auf Ischia  132
Zeit des Abschieds  172
Die letzten Gespräche  180

Nachbemerkung  216
Zeittafel  221

Das Alter spielte für Marion nie eine Rolle. Weder bei sich noch bei anderen. Wir zum Beispiel lagen sechzig Jahre auseinander. Trotzdem war sie, meine Großtante, für mich wie eine Schwester – mal die große, mal die kleine. Oder einfach eine besondere Freundin.

Wenige Monate vor ihrem Tod sagte ich zu ihr: »Irgendwann würde ich gern ein Buch über dich schreiben.« Sie antwortete: »Wenn du meinst, dass es jemanden interessiert.« – So war sie.

Dies ist ein sehr persönliches Buch geworden. Ich erzähle von unseren gemeinsamen Reisen und schildere Szenen aus dem Hamburger Alltag. Enthalten sind auch unsere letzten Gespräche, die wir im Hinblick auf eine Veröffentlichung aufgezeichnet haben.

# Geschichte einer Freundschaft

Meine erste Erinnerung geht auf den Sommer des Jahres 1980 zurück: Marion hatte beruflich in Bonn zu tun und besuchte uns bei der Gelegenheit zu Hause. Ich war zwölf Jahre alt, saß auf unserem weißen Cordsofa und las im *Spiegel*, den ich gerade für mich entdeckte.

»Findest du das interessant?«, kam es plötzlich von der Seite. Marion war aus dem Kreis der Erwachsenen herübergekommen. Ihre Augen sehr blau, das Gesicht mit der hohen Stirn familiär vertraut, das silbergraue, gewellte Haar aus dem Gesicht frisiert. Ihre tiefe Stimme warm und klar.

Sie setzte sich neben mich. Zwischen uns entwickelt sich eine Unterhaltung über Politik. Ich war schwer beeindruckt: was meine Großtante alles wusste, wie spannend sie erzählte, wie genau sie zuhörte.

Von diesem Tag an blieben wir in Kontakt. Sie schickte mir hin und wieder etwas zu lesen, einen ihrer Leitartikel aus der *Zeit* oder andere Texte, von denen sie meinte, dass sie einen jungen Menschen interessieren könnten – oder interessieren sollten. Ich schrieb ihr ein paar Gedanken dazu, sie schrieb wieder zurück. Manchmal sprachen wir am Telefon, aber das geschah eher selten, weil Marion ungern telefonierte: zu teuer. Am Ende der kurzen Gespräche sagt sie nur »Addio«, manchmal legte sie sogar ohne Abschiedsgruß auf.

Einige Jahre später erzählte ich ihr von einem Praktikum in einem Studio für Grafik und Design in Hamburg, das ich für die Sommerferien plante.

»Wo wirst du denn wohnen?«, fragte sie.

»Das weiß ich noch nicht, aber es wird sich bestimmt was ergeben.« Meine Eltern haben lange in Hamburg gelebt, ich bin dort geboren.

»Wenn du nichts Vernünftiges findest, kannst du gerne bei mir einziehen«, sagte Marion. »Ich würde mich sogar darüber freuen.«

Marion wohnte im Stadtteil Blankenese. Kurz hinter dem Bahnhof zweigt von der Hauptstraße ein schmaler Weg aus Kopfsteinpflaster ab: der Pumpenkamp. Die Straße führt leicht bergauf, und dann taucht hinter hohen Ahornbäumen und Rhododendronbüschen das kleine Haus auf, in dem Marion seit den sechziger Jahren lebte.

Sechs Wochen lang wohnten wir so selbstverständlich zusammen, als wäre es nie anders gewesen. Jeden Morgen nach dem Frühstück fuhren wir gemeinsam über die Elbchaussee Richtung Innenstadt. Meine Großtante saß am Steuer ihres blauen Porsches. Sie fuhr schnell, die eine Hand auf dem Lenkrad, die andere auf der Gangschaltung. Währenddessen plauderte sie über Politik. Wenn ein Auto vor ihr zu langsam fuhr, fluchte sie: »Blöde Kuh« oder »dummer Kerl«, besonders, wenn der Fahrer bei Gelb bremst. Sie selbst trat bei Gelb noch extra aufs Gas: »Ich finde es sehr befriedigend, bei Orange durchzufahren«, meinte sie. Nach einer bestimmten Ampel verengte sich die Elbchaussee auf eine Spur. Wenn die Ampel auf Grün schaltete, legte Marion hier allergrößten Wert darauf, die Schnellste zu sein. »Ist wohl so 'n gewisser Ehrgeiz dabei«, sagte sie.

So schnell, wie Marion über die Elbchaussee brauste, blieb es natürlich nicht aus, dass sie hin und wieder geblitzt wurde. Sie erzählte von einem Strafmandat, das sie bekommen hatte: Statt der erlaubten fünfzig sei sie sechsundfünfzig gefahren. »Ich hab denen gesagt, ich fände es unverschämt zu behaupten, ich sei sechsundfünfzig gefahren. Ich fahre doch immer achtzig. Mindestens.«

Eines Nachts auf dem Heimweg nach der Spätvorstellung eines Kinofilms – Marion saß am Steuer – blitzte es wieder.

»Was war denn das?«

»Na ja, du bist wohl zu schnell gefahren.«

»Meinst du? Um diese Zeit kontrollieren die doch nicht mehr.«

Aber in der Dunkelheit leuchtete schon eine Kelle auf. Wir wurden in eine Seitenstraße gelotst, wo eine Gruppe junger Männer herumstanden, die die Polizei ebenfalls herausgefischt hatte. Wir mussten in einen Bus einsteigen, um die Personalien aufnehmen zu lassen. Marion und ich saßen vor einer Polizistin, die sich automatisch an mich wandte und nach dem Führerschein fragte.

»Wieso brauchen Sie denn von ihm den Führerschein?«, fragte Marion.

Die Polizistin prüfte also Marions Ausweis. Sie schaute mehrere Male ungläubig auf das Geburtsdatum, bevor sie endlich notierte: 1909.

Als der Porsche Jahre später schrottreif war, scheute sich der Verleger Gerd Bucerius, der inzwischen über Achtzigjährigen noch einmal einen neuen Porsche als Dienstwagen zur Verfügung zu stellen. Er fragte, ob nicht ein langsameres Auto ausreiche, ein Audi quattro zum Beispiel, der im Fuhrpark des Verlags zufällig frei war. Marion stimmte überraschend schnell zu – aber erst, nachdem sie recherchiert hatte, dass der Audi sogar einige PS mehr aufbrachte als ihr Porsche.

»Das hat der Buc übersehen«, kommentierte sie zufrieden.

Während meiner Praktikantenzeit im Sommer 1985 fuhr ich jeden Abend mit der S-Bahn nach Blankenese und kam meist gerade rechtzeitig, um mit Marion die Sieben-Uhr-Nachrichten im ZDF zu sehen. Beim Abendessen diskutierten wir die Themen des Tages, dabei lernte ich viel über Politik und Menschen; Dinge ernst zu nehmen und Dinge *nicht* ernst zu nehmen. Marion interessierte sich aber auch für den Alltag im Designbüro, Beobachtungen aus der S-Bahn oder für das Innenleben eines Teenagers. Für sie war in allem etwas zu entdecken.

Mich beeindruckte ihre Einstellung zum Leben sehr. Sie machte sich keine Sorgen um die Zukunft und trauerte nicht um die Vergangenheit, sie lebte konzentriert in der Gegenwart. Sie hat die Kaiserzeit noch erlebt und die Goldenen Zwanziger. Sie war das erste Mädchen in der langen, traditionsbewussten Familiengeschichte der Dönhoffs, die das Abitur ablegte und studierte. Die Weimarer Republik erlebte Marion zeitweise in Berlin, wo sie den noch wenig bekannten Adolf Hitler bei einer Veranstaltung beobachtete. »Ich saß nur zehn Meter von ihm entfernt, durchlitt seine geifernde Rede und fand seine Argumente absolut abwegig«, erzählte sie einmal. »Mit dem wollte ich nichts zu tun haben.« Jahre später, während des Krieges, übernahm sie in Ostpreußen die Leitung des Familienbesitzes Friedrichstein und Quittainen. Im Januar 1945 floh sie auf ihrem Pferd Alarich Richtung Westen, die Heimat war für immer verloren.

Anfang 1946 zog sie – inzwischen sechsunddreißig Jahre alt – nach Hamburg, wo sie sich am Aufbau einer neuen Zeitung beteiligte: *Die Zeit*. Ihr »zweites Leben«, wie sie es manchmal nannte, begann. Sie hatte immer schreiben wollen, und nun war sie Journalistin geworden. Marion prägte die *Zeit* über Jahre und Jahrzehnte als Leiterin des Politikressorts, als Chefredakteurin und schließlich als Herausgeberin. Sie wurde zu einer moralischen Instanz der Bundesrepublik Deutschland.

Ihr Zuhause waren die Arbeit, die Familie, die Geschwister. Während einer Familienfeier kamen wir auf das Thema Heiraten zu sprechen. Marion erzählte: »Einer hat über lange Zeit immer wieder gesagt, ich müsse ihn heiraten. Irgendwann hat es mir gereicht, da habe ich zu ihm gesagt: ›Gut, wir ziehen Streichhölzer.‹ Und ich habe das richtige gezogen.« Sie lachte. »Als verheiratete Frau hätte ich mein Leben so nicht führen können.«

Ende der achtziger Jahre zog ich nach Hamburg, um meinen Zivildienst zu leisten. Zunächst wohnte ich wieder in Marions Häuschen, und schnell hatten wir unseren Alltag als Hausgenossen wiederaufgenommen. Aber es war nur eine Übergangsstation. Ich war doch froh, als ich eine eigene Wohnung fand. Denn so interessant, vertraut und auch lustig die gemeinsam verbrachte Zeit war, so erlebte ich meine Großtante andererseits auch als einengend, manchmal auf eine kindliche Weise besitzergreifend, was sich in den folgenden Jahren noch verstärken sollte.

Nun trafen wir uns manchmal in ihrem Büro zu einer Tasse Kaffee, in der Stadt, um eine Ausstellung anzusehen, häufig gingen wir ins Kino. Regelmäßig sahen wir uns an den Sonntagen zum Mittagessen in ihrem Haus. Auf dem Weg dorthin hörte ich im Autoradio den Nachrichtenkanal, um mich auf den Nachmittag mit ihr einzustimmen. Das war umso wichtiger, wenn ich Samstagnacht im Club gewesen war, am Morgen lange geschlafen und noch nichts vom Weltgeschehen mitbekommen hatte. Marion fragte zielsicher: »Wohin geht man denn heutzutage zum Tanzen?«

Ich zählte ihr die verschiedenen Discos auf.

»Tanzt man da zu zweit?«, fragte sie, »wie früher?«

»Nein, das ist heute ganz anders.«

Dann ermunterte sie mich, wie so oft, zum Lesen: »Ich mache dir einen Vorschlag: Ich suche dir jede Woche ein Buch aus, und wir sprechen darüber, wenn du das nächste Mal hier bist. Okay?«

Es waren hauptsächlich politische Bücher, aber auch Hesse, Tolstoi, Dostojewski ... Die eigentlich gutgemeinte Idee artete allerdings zu einer Prüfungssituation aus. Kurz vor unserem sonntäglichen Treffen überflog ich das Buch, suchte eine Stelle aus, die mir interessant erschien, und noch bevor Marion beim Mittagessen nachfragen konnte, begann ich einen kleinen Vortrag über die ausgesuchte Stelle. Marion hörte genau zu. »Ja, das ist wahr, das kann man so sehen«, meinte sie. Nach einem Moment fügt sie dann noch vorsichtig hinzu: »Ich finde an dem Buch auch interessant, dass ...«

Im Laufe der Jahre entstand eine inniger werdende Freundschaft. Zu den regelmäßigen Treffen in Hamburg kamen nun auch Reisen in nahe und ferne Länder hinzu: Russland, Polen, die Schweiz, Italien, Südafrika, Namibia. Manchmal waren es Geschäftsreisen, manchmal Urlaubsreisen, wobei das kaum auseinanderzuhalten war, denn Marion betrachtete jedes Land und jede Kultur mit größter Neugierde und journalistischem Blick, es ergaben sich politische Gespräche, und oftmals stand am Ende ein Artikel für die *Zeit*.

Ihre Ferien – wenn man das überhaupt so nennen mag – waren ihre Besuche im Familienhaus in Forio, einem kleinen Fischerort auf der Insel Ischia, wo ihre ältere Schwester Yvonne lebte. Dort verbrachte Marion regelmäßig einige Wochen im Mai und im September.

Marions Tagesablauf in Hamburg, den sie im Tempo eines Topmanagers absolvierte, blieb auch im Alter kaum verändert. Bis Mitte achtzig wurde sie von Altersschwächen verschont. Danach begannen ihr die mit zahlreichen Pflichtterminen gefüllten Arbeitstage zunehmend Mühe zu bereiten. Trotzdem ging sie weiterhin täglich ins Büro, arbeitete zwölf Stunden am Tag und unternahm viele Reisen. Es verging keine Woche, in der sie nicht mindestens einmal irgendwohin flog.

Doch es passierten Dinge, die für sie neu waren: Nach einer Reise war sie erschöpft, sie wurde krank. Ihr gefürchtetes Elefantengedächtnis war nicht mehr ganz so zuverlässig, wie sie es gewohnt war. »Ich glaube, das hat mit dem Alter zu tun«, sagte sie zum ersten Mal, als sie achtundachtzig war.

Und noch etwas änderte sich: Nach dem Tod des Verlegers Gerd Bucerius wurde die *Zeit* an einen Konzern verkauft. Es war das Jahr 1996. Marion hatte bis zu diesem Zeitpunkt fünfzig Jahre lang – immer in kritisch-freundschaftlicher Zusammenarbeit mit Bucerius – für das Blatt gearbeitet. Jetzt verringerte sich ihr Einfluss, und Marion musste für ihre Vorstellungen mehr kämpfen als früher. In dieser Zeit wurden ihr die engen Freunde und die Familie immer wichtiger.

Wenn wir uns in diesen Jahren allein trafen, machten wir nichts anderes als zuvor: Wir gingen ins Kino, unternahmen Spaziergänge im Wald oder an der Elbe, saßen bei ihr zu Hause vor dem Kamin und lasen Zeitung. Aber wenn ich nun nach einem langen gemeinsamen Abend am Pumpenkamp ihr Haus verließ, sah Marion für einen Moment traurig aus – anders als früher, als ich immer das Gefühl hatte, dass sie es kaum erwarten könne, wieder an ihren Schreibtisch zurückzukehren.

Bis zu ihrem Tod im Jahr 2002 blieb Marion aktiv. Sie engagierte sich für die von ihr gegründete Stiftung für Völkerverständigung, sie schrieb für die Zeitung, und sie beantwortete ungefähr einhundert Briefe pro Woche: Leserbriefe, persönliche Anfragen jeder Art, oftmals Bitten um einen Rat, Post von jungen Menschen.

Über ihren wohl jüngsten Fan erzählte Marion die folgende Geschichte: »Man wundert sich ja oft – ich weiß noch, wie ich von Willy Brandt als eine Art Ehrengast eingeladen war zu einem Parteitag der SPD, das muss Anfang der Neunziger gewesen sein, in einer Sporthalle, ganz vollgestopft mit Menschen. Da sitze ich neben Brandt und sehe so ein Kerlchen von vielleicht dreizehn Jahren mit einem Buch auf uns zukommen. Ich denke natürlich, der will zum Brandt. Aber dann bleibt der vor mir stehen und fragt, ob ich das Buch signieren würde. Da erst hab ich erkannt, dass es tatsächlich eins von mir war. Ganz leutselig hab ich ihn gefragt: ›Hast du denn schon mal da hineingeguckt?‹ Da war der Junge ganz empört und sagte: ›Also, ich bin doch ein Fan von Ihnen!‹ Das fand ich sehr komisch.«

# Alltag in Hamburg

»Morgen Nachmittag könnte ich mir ein wenig Zeit verschaffen«, sagt Marion am Telefon. »Wollen wir mal sehen, ob es einen guten Film gibt?«

Es sind die neunziger Jahre, ich habe an der Hamburger Universität ein Studium begonnen und lebe das Leben eines mehr oder weniger fleißigen Studenten.

Ich höre mich also bei meinen Kommilitonen um, welchen Film sie empfehlen würden, und Marion erkundigt sich bei den Kollegen aus dem Feuilleton der *Zeit*.

Heute ist unser Ziel das Passage-Kino schräg gegenüber vom Pressehaus, deshalb hole ich Marion in ihrem Büro ab. Als ich eintrete, sitzt sie hinter ihrem Schreibtisch, schaut auf und sagt: »Ich müsste noch schnell ein Telefonat erledigen. Setz dich doch einen Moment, da liegt etwas für dich.«

Sie meint die Fotokopie auf dem Tisch vor dem Sofa. Ich setze mich und lese die Kritik zu dem Film, den wir uns gleich ansehen werden.

Marion ist noch nicht so weit, sie signalisiert: ein paar Minuten noch. In ihrem Büro warten zu müssen, hat mich nie gestört. Die konzentrierte Ruhe tut gut. Vergangenheit und Gegenwart sind hier selbstverständlich und harmonisch vereint.

Zentrum des kleinen Raums ist der rotbraun gemaserte Schreibtisch aus Mahagoni, vollkommen schnörkellos mit einer dünnen Tischplatte. Darauf stapeln sich in der Mitte Briefe und Faxe vom Morgen und ein Manuskript für ein Buch. Am Rand liegt ein weiterer Stapel aus Briefen und anderen Dokumenten, obenauf ein in Würfelform geschliffener Halbedelstein, den Marion in den sechziger Jahren aus Südafrika mitgebracht hat. Am anderen Ende des Tisches befinden sich zwei kleine Dosen, eine aus Keramik, die aus Ischia stammt, und ein verziertes Gefäß aus dem Irak. Daneben steht die achtzehnarmige Figur der Göttin Shiva, die Marion vor langer Zeit von einem Inder geschenkt bekommen hat und die ebenfalls gelegentlich als Briefbeschwerer dient.

Neben dem Telefon liegt eine längliche Holzschale mit kurzen Bleistiften, von denen Marion immer einen in der Jackentasche trägt. Nicola, eine Großnichte Marions, schickt ihr regelmäßig ein Päckchen mit diesen mühsam zerbrochenen und neu angespitzten Bleistiften.

Hinter Marion im Regal steht neben vielen Büchern ein kleines Ölbild: der Park vor Schloss Friedrichstein. Neben dem Schreibtisch hängt ein großes Schwarzweißfoto von Lew Kopelew. Der russische Schriftsteller war ein enger Freund. Seit seinem Tod im Jahr 1997 hängt sein Bild hier. An den Schranktüren sind mit Tesafilm Landschaftsfotos von Ostpreußen angeklebt.

Marion beendet ihr Telefongespräch. Sie schreibt eine Notiz, wirft einen Blick auf ihre Armbanduhr, ein schmales, sehr altes Modell aus den Zwanzigern: »Wollen wir los?«

Unsere Kinobesuche verlaufen immer gleich: Wir setzen uns, das Licht geht aus, die Werbung läuft an, und nach etwa vier Minuten meint Marion: »Komisch, dass die hier so lange Werbung zeigen, ich glaube, wir sind im falschen Kino.«

Dann erkläre ich: »Du, das ist heutzutage ganz normal, die Werbung geht über zwanzig Minuten, das musst du durchstehen.«

»Kann ich auch, aber es dauert ja schon viel länger.«

Keine zwei Minuten später steht sie auf: »Ich gehe mal nach vorn und frage nach, wir sind sicher doch im falschen Kino.«

Nach ein paar Minuten kehrt sie mit zweifelndem Blick zurück: »Scheint richtig zu sein.«

Der Film läuft endlich an. Marion sitzt kerzengerade und äußerlich vollkommen regungslos da, die Augen aufmerksam auf die Leinwand gerichtet, als wäre sie zum ersten Mal in einem Lichtspielhaus. Spätestens nach einer halben Stunde sieht sie vermeintlich unauffällig auf die Uhr. Nach etwa einer Stunde flüstert sie: »Mir ist eben etwas eingefallen, ich muss dringend noch mal ins Büro, aber lass dich nicht stören. Wir telefonieren.«

Fort ist sie.

Es ist immer dasselbe: Marion schaut kaum einen Film bis zum Schluss. Trotzdem liebt sie den Kinobesuch.

Jahre später, Marion ist älter geworden, will ich sie nicht mehr allein zurückgehen lassen. Wenn sie zum dritten Mal auf die Uhr schaut, frage ich: »Hast du genug?«

Marion zeigt sich dann betont unentschieden. »Wie ist es mit dir?«

»Von mir aus können wir gehen.«

»Noch fünf Minuten?«

»Fünf Minuten sind genau richtig.«

Im Hinausgehen meint Marion dann: »Ich glaube, da passiert auch nichts mehr.«

Da Marion sich an die Werbung in den Kinos nicht gewöhnen kann oder möchte, versuchen wir, den Beginn des Films genau abzupassen. Wenn wir nun den Saal betreten, ist es längst dunkel. Marion hat damit keine Probleme, sie arbeitet sich durch die Reihe zu ihrem Platz vor, ist höflich gegenüber jedem, der sich bemühen muss. »Sehr freundlich von Ihnen«, »Entschuldigung«, »sehr nett«, »danke schön«.

Eines Tages geschieht etwas, das eine andere Lösung erforderlich macht. Bei jenem Kinobesuch gehe ich im Dunkel durch die Sitzreihe hindurch, Marion folgt mir und nutzt die vordere Sitzreihe als Orientierung. Als wir Platz nehmen, flüstert sie: »Am Anfang der Reihe habe ich den Kopf einer Dame als Stütze benutzt, ich dachte, es wäre die Lehne…«

Ich schaue rüber – die betroffene Frau wirft uns gerade einen missbilligenden Blick zu, und Marion sagt: »Man sieht's auch…«

Noch am selben Tag kaufe ich für die Kinobesuche eine geeignete Taschenlampe, klein und kompakt. So lässt sich die Platzsuche vereinfachen. Marion will die Lampe immer selbst halten. Beim Betreten des dunklen Saals leuchtet sie kurz über den Zuschauerraum, erstaunte Gesichter erscheinen im Lichtkegel, und Marion sagt: »Scheint voll zu sein.«

Einmal läuft es etwas anders: bei *Das Leben ist schön* von Roberto Benigni. Wie üblich verlassen wir nach der ersten Hälfte des Films das Kino, wobei wir das in diesem Fall sogar schon vorher fest ausgemacht haben, da wir beide Termine wahrnehmen müssen. Wir treten aus dem Kinogebäude auf die Mönckebergstraße, und Marion bleibt stehen. »Schade«, meint sie, »diesen Film hätte ich gerne zu Ende gesehen. Was meinst du – gehen wir morgen nach der ersten Hälfte wieder rein?«

Am nächsten Tag treffen wir uns auf der Straße direkt vor dem Pressehaus. Wir sind knapp dran und hasten hinüber zum Passage-Kino. Anstatt sich darüber zu wundern, dass wir eine Stunde zu spät noch in den Film wollen, oder uns zumindest vorzuwarnen, händigt uns die Kassiererin kommentarlos zwei Karten für den Benigni-Film aus. Wir haben bewusst Plätze am Rand gewählt. Dieses Mal brauchen wir die Taschenlampe nicht. Auf der Leinwand flackert der Film, und wir setzen uns auf unsere Plätze am Gang, relativ weit vorne. Nach wenigen Sekunden schauen wir uns an, dann wieder auf die Leinwand. Dann spricht Marion aus, was ich auch gerade denke: »Das ist doch der Anfang vom Film…«

Es stimmt leider. Offensichtlich ist die Anfangszeit heute um eine Stunde verschoben. Diese Möglichkeit haben wir nicht bedacht. Es hilft nichts, wir schauen die erste Hälfte noch einmal. Als die

Szene anläuft, bei der wir am Tag zuvor gegangen sind, ist es Zeit: Wir müssen raus, denn wir haben schon wieder Termine einzuhalten.

Obwohl wir es uns fest vornehmen, werden wir die zweite Hälfte leider nie sehen.

Marion ist bescheiden. Sie wundert sich, wenn sie auf der Straße erkannt und angesprochen wird. »Das muss am Fernsehen liegen«, sagt sie manchmal. Sie signiert Bücher am liebsten mit Bleistift. »Weil ich mich nicht verewigen möchte.« Wenn ihr Auto in Reparatur ist, fährt sie mit dem Bus, und sie ist vermutlich der letzte Mensch in Deutschland gewesen, der noch einen Schwarzweißfernseher in Betrieb hatte. Erst Anfang der neunziger Jahre, als der defekte Apparat beim besten Willen nicht mehr zu reparieren ist, kauft sie einen Farbfernseher.

Kleidungsstücke werden ewig getragen. In einer alten Filmaufnahme ist Marion mit einer Delegation bei der Besichtigung eines indischen Dorfes zu sehen. Die Reise hat in den sechziger Jahren stattgefunden, und Marion ist sofort zu erkennen: an dem hellblauen Jackett, das sie noch dreißig Jahre später trägt. Löcher werden gestopft, abgewetzte Stellen ignoriert.

Eines Tages sind auf dem Ärmel des blauen Jacketts einige Flecken zu sehen. Tinte. Das ist die

Chance, Marion das abgenutzte Kleidungsstück auszureden. Ich spreche es an. Marions Antwort: »Ich finde, als Journalistin kann man sich Tintenflecke auf der Kleidung erlauben.«

Ihr sehr eigener Stil, den sie nie ändert, kommt über die Jahrzehnte in unregelmäßigem Turnus immer mal wieder in Mode. Ende der neunziger Jahre schafft Marion es mit ihren alten Klamotten auf der Liste der zehn bestangezogenen Frauen Deutschlands im Magazin *Gala* bis auf Platz fünf.

Als die Modedesignerin Jil Sander in einem Zeitungsinterview gebeten wird, den Namen einer Person zu nennen, die sie als vorbildlich in Fragen der Stilsicherheit sehe, da ist ihre Antwort: Marion Dönhoff. Einen Moment wundern wir uns. Aber es stimmt: Auf allen Fotos trägt Marion als junge wie alte Frau immer denselben zurückgenommenen, schlichten Kleidungsstil. »Ich würde nie irgendeine Mode mitmachen, das finde ich auch entwürdigend«, sagte sie einmal.

Buchhonorare und Preisgelder leitet Marion an die von ihr gegründete Stiftung für Völkerverständigung weiter. Was sie hier im Großen tut, macht sie auch im Kleinen. Wenn man zum Beispiel mit ihr durch die Innenstadt gehen muss, ist es ratsam, zusätzliche Zeit einzuplanen. Marion folgt eisern dem Prinzip, jedem Bettler, an dem sie vorbeikommt, etwas Geld zu geben. Wenn sie einen Termin beim Frisör am anderen Ende des Jungfernstiegs wahrnehmen will oder wir zusammen das Streit's-Kino besuchen, steckt Marion sich zuvor ein paar silberne Münzen in die Jackentasche. Meistens bleibt sie bei den Bettlern noch stehen, unterhält sich ein wenig, bevor sie die Münze gibt.

Als sie wieder einmal länger bei einem Bettler verweilt, sagt im Vorbeigehen ein Passant zu ihr: »Denen sollten Sie besser nichts geben.«

Marion dreht sich zu dem Mann um: »Warum meinen Sie?«

Der Passant senkt die Stimme: »Abends werden die im Mercedes abgeholt, das ist eine ganze Bande – die sind steinreich.«

»Das glauben Sie doch selbst nicht.«

»Doch, doch.«

»Würden Sie sich zehn Stunden auf die kalten Steinplatten setzen und betteln, wenn Sie steinreich wären?«

Der Mann ärgert sich. »Sie können mir ruhig glauben, ich hab das mit eigenen Augen gesehen!«

Marion spricht mit ruhiger Stimme weiter: »Ich glaube, das reden Sie sich ein, um Ihr Gewissen zu beruhigen, weil Sie zu geizig sind, selber etwas zu geben.«

Dem Mann bleibt einen Moment lang der Mund offen stehen, dann wendet er sich wortlos ab und geht.

»Das kommt merkwürdigerweise öfter vor«, erzählt Marion. »Dabei ist es doch ganz simpel: Lieber gebe ich jemandem, der es nicht braucht, zu viel, als einmal jemandem, der es braucht, zu wenig.«

Das Studium der Geschichte und Politik beginnt für mich im Herbst 1992. Marion erkundigt sich regelmäßig nach den Seminaren, den Referatsthemen und den Professoren. Sie erzählt von ihrer Studienzeit, als man die Universität nur wegen eines bestimmten Professors auswählte. Sie selbst ist Anfang der dreißiger Jahre wegen Edgar Salin nach Basel gegangen. Der habe die Zusammenhänge von Kultur und Politik erklärt, habe den großen Bogen geschlagen. Das gebe es heute wohl nicht mehr, vermutet Marion. Das Wichtigste sei aber das Lesen. »Du musst dir einfach fest vornehmen, jeden Tag sechs Stunden zu arbeiten, und das dann auch durchhalten«, empfiehlt sie bei einem Spaziergang in Blankenese. Und sie vergisst nicht hinzuzufügen: »Ich habe damals natürlich noch mehr Zeit investiert…«

Während der Semesterferien verbringe ich jeweils

einige Wochen in München, wo ich die Gelegenheit nutze, dem Film- und Fernsehmacher Alexander Kluge bei seinen Interviews mit Kulturschaffenden und Politikern zu assistieren. Marion ruft manchmal an, auch um sich zu erkundigen, woran wir gerade arbeiten. Ein bevorstehendes Gespräch mit Michail Gorbatschow, mit dem sie seit Ende der achtziger Jahre befreundet ist, interessiert sie besonders. Er ist gerade zu Besuch in München, und es sind Pressetermine im Hotel Vier Jahreszeiten geplant. Auch Alexander Kluge hat eine zehnminütige Audienz zugesagt bekommen.

»Es hat keinen Sinn, Gorbatschow über die große Politik zu befragen – das tun alle«, glaubt Kluge. Er sitzt in einem kleinen Studio in Schwabing. Längst hat er eine andere Idee: »Wir wählen Fotos aus Gorbatschows Kindheit aus und bitten ihn, sie zu kommentieren.« Ein gewagtes Vorhaben. Marion prognostiziert am Telefon, dass Gorbatschow die ungewöhnliche Idee sogar Freude bereiten werde.

Am folgenden Tag empfängt Michail Gorbatschow im großen Saal des Hotels ein Kamerateam nach dem anderen. Von Mal zu Mal wirkt er gereizter. Uns wird etwas bange.

Dann endlich sind wir an der Reihe. Gorbatschow setzt sich an den kleinen, vorbereiteten Tisch. Kluge sitzt ihm gegenüber, erklärt, was er vorhat, und legt dann das erste Foto auf den Tisch. Das Bild zeigt den erst zehnjährigen Michail Gorbatschow, der auf einem Acker steht und etwas unsicher in die Kamera blickt. Gorbatschow schaut das Bild an, schiebt es zurück und fragt: »Wie finden Sie meine Schuhe?«

Kluge sieht genauer hin: »Sie haben doch gar keine Schuhe an…«

»Eben«, sagt Gorbatschow. Und dann erzählt er von einer Kindheit, in der nicht einmal Schuhe selbstverständlich waren. Tatsächlich hat er Freude an den Fotos. Schließlich hat er Kluge statt der zugesagten zehn sogar zwanzig Minuten gestattet.

Noch im gleichen Jahr mache ich ein Praktikum bei *Zeit*-TV im Hamburger Pressehaus.

»Nun sind wir in derselben Schule«, sagt Marion. Sie leitet es von »Schulweg« ab – so nennt sie manchmal ihren Weg ins Büro.

Wenn Zeit ist, treffen wir uns in ihrem kleinen Büro im sechsten Stock und trinken eine Tasse Kaffee. Wenn das Treffen zur Mittagszeit stattfindet, fragt sie: »Hast du schon was gegessen?«

Aus ihrer ledernen Tasche zieht sie ein in Alufolie gewickeltes mit Käse oder Putenbrust belegtes Butterbrot heraus, welches sie in zwei Teile teilt.

»Mein Schulbrot«, wie sie es nennt, teilt sie immer mit irgendwem, meistens mit ihrer langjährigen Sekretärin Irene Brauer.

Ich nehme die eine Hälfte an, habe aber ein schlechtes Gewissen, weil Frau Brauer an diesem Tag auf ihre Hälfte verzichten muss. Andererseits, das fällt mir dann ein, hat sie mir einmal verraten, dass ihre Chefin bei den gemeinsamen Schulbrotessen meist schneller aufisst, um dann zu sagen: »Sie sind sicher auch schon fertig?« Das setze sie unter Druck, und so ist Frau Brauer bestimmt nicht traurig darüber, ihr Mittagessen auch mal auf andere Weise zu regeln.

Bei Marion gibt es mittags zum Brot eine Tasse Tee. Wobei es unbedingt Schwarztee sein muss – bloß keinen Kräutertee! –, und dünn muss er sein. Die Kanne ist uralt und ihre Tülle defekt. Wenn Marion einschenkt, hält sie ein Taschentuch in der Hand, mit dem sie die unvermeidlichen Tropfen vom Tisch wischt. Wenn jemand anderes einschenkt, mahnt sie: »Nicht kleckern!«, und beobachtet den Vorgang mit Argusaugen.

Wenn in diesen Wochen unser Arbeitstag im Pressehaus zur selben Stunde endet, ruft Marion in meinem Praktikantenzimmer im dritten Stock an: »Ich fahre gleich los, soll ich dich zu Hause absetzen?« Ich wohne im Stadtteil Rotherbaum, für

Marion bedeutet es nur einen kleinen Umweg über Jungfernstieg und Gänsemarkt. Oft nehme ich deshalb das Angebot an, und wir treffen uns in der Tiefgarage des Pressehauses.

Eines Tages ist der Jungfernstieg gesperrt. Eine Baustelle. Weit und breit ist allerdings kein Arbeiter zu sehen. Die Straße ist an einigen Stellen angebohrt, aber noch nirgends aufgerissen.

»Da komme ich gut durch«, meint Marion und steuert das Auto an den rot-weiß gestreiften Hütchen vorbei. Doch plötzlich taucht ein Polizist auf. Marion hält den Wagen an, lässt das Fenster runter. »Guten Tag, Herr Wachtmeister!«

»Hier können Sie nicht durchfahren«, sagt der Polizist in mahnendem Ton.

»Doch, da komme ich gut durch.«

»Nein, da kommen Sie nicht durch.«

»Warum denn nicht?«

»Ganz einfach: weil hier gesperrt ist.«

»Und warum ist gesperrt?«

»Weil hier Bauarbeiten durchgeführt werden.«

»Aber hier ist doch gar keiner.«

Der Mann schaut einen Moment zur Baustelle. »Ist aber trotzdem gesperrt.«

»Und warum ist trotzdem gesperrt?«

»Das kann ich Ihnen nicht beantworten.«

Der Polizist bedeutet mit einer Handbewegung,

sie möge nun endlich zurücksetzen. Marion aber reagiert einfach nicht.

»Ich muss Sie bitten, einen anderen Weg zu fahren«, sagt der Polizist jetzt in strengem Ton.

Marion schaut, scheinbar nachdenklich, durch die Windschutzscheibe auf die Baustelle.

»Also, los«, drängt der Polizist.

Marion wendet sich ihm wieder zu. Mit einer fast mädchenhaften Stimme fragt sie: »Wäre es vielleicht möglich, dass Sie ein einziges Mal eine Ausnahme machen?«

Der Polizist sieht sich einmal um, bevor er uns schließlich passieren lässt.

An einem anderen Tag – Marion und ich haben verabredet, den Abend in ihrem Haus vor dem Kamin zu verbringen – stehe ich um Punkt halb sechs vor ihrer Bürotür, um sie abzuholen. Marion legt Wert auf Pünktlichkeit. Sie erzählt, als junge Frau sei sie oft unpünktlich gewesen, dann habe sie begriffen, dass man das seinen Mitmenschen nicht zumuten könne, und zwei Dinge beschlossen: ab sofort immer pünktlich zu sein und jede Aufgabe gleich zu erledigen. Das habe sie bis heute durchgehalten.

Als ich in ihr Büro trete, verabschiedet sich Marion gerade von einem jungen schlaksigen Mann, dessen dünnes blondes Haar nur notdürftig gekämmt ist. Diesen Gast habe ich noch nie gesehen. Marion freut sich meistens über Besuch, selbst bei vollem Terminkalender. Die Gäste nehmen in der Regel für mindestens dreißig und höchstens sechzig Minuten auf dem braunen Cordsofa Platz, während Marion sich ihnen gegenüber auf einen Stuhl setzt, immer in Reichweite ihres Telefons, das nun hinter ihr auf dem Schreibtisch steht. Das hält sie beim Besuch von politisch oder künstlerisch interessierten Menschen genauso wie bei anderen. Und was hat es mit dem jungen blonden Mann auf sich, der gerade im Begriff ist zu gehen? Die Geschichte erzählt Marion, kaum dass er gegangen ist: Am späten Nachmittag bekam sie vom Empfang einen Anruf, es stehe jemand dort, der sie unbedingt sprechen wolle. Auf die Frauen am Empfang machte er aber einen etwas verwirrten Eindruck, und deshalb hatten sie ihm gesagt, die Gräfin sei leider nicht im Hause. Der Mann aber gab an, er habe sie erst vor einer halben Stunde ins Pressehaus gehen sehen. Das stimmte, Marion hatte bei der Apotheke gegenüber etwas besorgt. »Ach, wenn er schon unten ist, dann soll er mal hochkommen«, sagte sie. Der merkwürdige Besucher bekam eine halbe Stunde Zeit und eine Tasse Kaffee. Im dann folgenden Gespräch berichtete er von einer besonderen Fähigkeit, die er auf unerklärliche Weise erlangt habe. Er könne Gedanken lesen, und darüber wolle er mit Marion sprechen. Sie war ein wenig überrascht, vor allem aber interessiert. Zunächst wollte sie wissen, wie er diese Fähigkeit denn ausübe. Ganz einfach, erklärte der junge Mann. Zum Beispiel, wenn im Fernsehen eine Talkshow oder Politikerrunde läuft. Da konzentriere er sich auf einzelne Personen so lange, bis sie plötzlich genau das aussprechen, was er ihnen telepathisch vorgebe. Marion verlangte ein Beispiel: welcher Person er was eingegeben habe? Der Besucher erklärte, Helmut Schmidt sei so jemand. Er sei neulich eine ganze Stunde im Fernsehen zu sehen gewesen, und nach einer Weile habe er genau das wiedergegeben, was ihm vorgegeben worden sei. Marion hakte nach, was konkret er denn Helmut Schmidt vorgegeben habe? Daran erinnerte sich der junge Mann leider nicht. Inzwischen war es Marion ein wenig mulmig geworden, und so war sie dann doch ganz froh, als der Besucher ging.

Als die Bürotür geschlossen ist, sagt Marion: »Er ist eindeutig verrückt. Aber er ist sehr nett.« Für Menschen, die – wie Marion es auch manchmal nennt – »nicht ganz fertig geworden sind«, hat sie ein offenes Herz, sie nimmt sie ernst. Vermutlich spielt die Tatsache, dass eine ihrer Schwestern unter dem Downsyndrom gelitten hat, eine Rolle. Marion hat als Kind mit der zwei Jahre älteren Maria das Zimmer geteilt. Der andere Blick auf die Welt ist ihr darum zutiefst vertraut.

Sie sinniert dem Gespräch noch einen Moment hinterher. Dann sagt sie: »Sollen wir los?«

Auf dem Tisch liegt ein kleiner Stapel Zeitungen. Genau genommen sind es nur die politischen Teile, die Marion aus verschiedenen Tageszeitungen herausgelöst hat. Die liest sie am Abend, das Hauptaugenmerk auf die Kommentare gerichtet; über die aktuelle Nachrichtenlage ist sie schon vom morgendlichen Radiohören und natürlich aus der Redaktion informiert.

»Die Zeitungen nehmen wir in der Tüte mit«, sagt Marion.

Bei der *Zeit* ist die Herausgeberin dafür bekannt, dass sie neben der Ledermappe mit Dokumenten stets eine Plastiktüte mit allem Übrigen mit nach Hause nimmt.

Im Aufzug fragt Marion: »Wo steht dein Auto?«

Wir haben verabredet, mit meinem Wagen zu fahren, da ihrer in der Werkstatt ist. Wie üblich schnallt sie sich nicht an. Wenn sie selbst Auto fährt, zieht sie den Gurt locker über sich, ohne ihn festzuklicken, aber auch nur wenn eine Polizeistreife sich nähert. Sobald die Polizei wieder außer Sichtweite ist, lässt Marion den Gurt wieder hochsurren.

»Du musst dich noch anschnallen«, erinnere ich sie.

»Och, das brauche ich heute nicht.«

»Okay«, sage ich, »dann lasse ich es auch, aus Solidarität, damit wir im Ernstfall beide im Krankenhaus liegen.«

Marion überlegt einen Moment. »Ja, das finde ich eine gute Lösung.«

Wir fahren los. Nach ein paar Minuten nimmt Marion das Thema noch einmal auf: »Wenn wir beide von der Polizei erwischt werden, wird es teuer. Ist vielleicht doch besser, wenn wir uns anschnallen …«

Der Weg nach Blankenese führt über die Ost-West-Straße nach St. Pauli, über die Reeperbahn bis nach Altona und schließlich noch etwa zehn Kilometer die Elbchaussee entlang, durch die Stadtteile Othmarschen und Flottbek. Als das Auto vor Marions Haus zum Stehen kommt, erschallt Hundebellen. Das ist Felix. Ein Rauhhaardackel, den Marion weniger für sich, als für Frau Ellermann, die Haushälterin, angeschafft hat.

Renate Ellermann, eine hochgewachsene, sehr eigenwillige norddeutsche Dame um die fünfundsechzig, bewohnt eine eigene Wohnung in Marions Haus. »Wir führen eine Zweckehe«, sagt Marion über das Verhältnis zu ihrer Haushälterin. »Den ganzen Tag lang kann sie machen, was sie will, weil ich meistens nicht da bin. Dafür regelt sie den Haushalt, und abends schaut sie Fernsehen, und ich kann arbeiten.« Frau Ellermann stimmt dem zu: »Ja, die Gräfin und ich leben hier gut zusammen. Natürlich gibt es auch mal Krach, aber wir sind beide nicht nachtragend.«

An Felix' Bellen hat Frau Ellermann erkannt, dass wir angekommen sind. Die Tür öffnet sie verzögert: »Ich musste erst noch den kleinen Löwen ins Wohnzimmer sperren«, erklärt sie, »sonst läuft er uns davon. Achtung! Erst die Füße abtreten.«

Frau Ellermann zieht sich wieder in die Küche zurück. Bevor sie die Tür schließt, ruft sie: »Um Viertel nach sieben geht's los.«

In Marions Haus hat es sich so eingependelt, dass das Essen nach den Sieben-Uhr-Nachrichten, aber noch vor dem Sport und dem Wetter auf dem Tisch steht.

»Als Erstes müssen wir aber Felix begrüßen, sonst ist er beleidigt«, sagt Marion. Als sie die Tür zum Wohnzimmer öffnet, kommt der Dackel wie eine Rakete herausgeschossen. Nach einer stürmischen Begrüßung, die nur mit Mühe zu beenden ist, trägt Marion Ledermappe und Zeitungstüte in den Salon.

In diesem Raum, der zugleich als Ess-, Arbeits-

und Wohnzimmer dient, verbringt Marion die meiste Zeit. Links hängt ein Gobelin, an der anderen Wand Bilder von Hundertwasser. Davor befindet sich ein Esstisch für sechs Personen. In der Mitte, direkt vor der breiten Fensterfront, ist Marions Schreibtisch, von dem aus sie in den Garten sehen kann. Darauf stehen neben einer Vase mit frischen Blumen eine Reihe alter Fotos, zum Teil in Rahmen, zum Teil ohne – Menschen und Landschaften aus Marions Vergangenheit: ein Porträt ihres Neffen Christoph, der ihr besonders nahegestanden hatte, bevor er im Krieg fiel, Schloss Friedrichstein, Cousin Heini Lehndorff auf dem Pferd, die Allee vor Friedrichstein, eine alte Aufnahme ihres Neffen Hermann an einem See. Rechts am Rand steht ein Foto, über das Marion sagt: »Für mich zeigt dieses Bild das Leben: Der abgestorbene Baum steht für Elend und Leid, während die Störche, die dort oben in ihrem Nest thronen und weit in die Ferne blicken, Leben und Hoffnung symbolisieren.«

Rechts neben dem Schreibtisch ist eine Chaiselongue, auf der immer viele Bücher liegen. »Ich wollte mal Ordnung schaffen und habe alle Bücher darunter gepackt«, erzählt Marion. »Aber drei Tage später war sie wieder voll...«

Neben der Chaiselongue beginnt die Bücherwand, die bis zur Decke reicht. Gegenüber befinden sich der Kamin, ein Sofa, zwei Sessel und ein Glastisch. Auf dem Kaminsims stehen kleine Kunstwerke: eine gusseiserne Wildgans, eine Kugel aus Ton, auf der ein Krokodil balanciert, das Geschenk eines Großneffen. »Guck mal, das hat der Semjon als Zehnjähriger gemacht – erstaunlich, nicht?«

Neben dem Kamin stehen in einem hüfthohen Bücherregal Erstausgaben ihrer eigenen Bücher.

»Ich gehe noch mal Hände waschen«, sagt Marion, »treffen wir uns gleich oben bei den Nachrichten?« Im ersten Stock, im Gästezimmer neben Marions Schlafzimmer, steht der Fernseher.

Durch die geschlossene Tür sind aus der Küche Geräusche zu hören. Es sind vertraute Klänge, wenn Frau Ellermann kocht. Felix bellt, weil er vom Flur in die Küche will. Frau Ellermann lässt ihn herein. Kurz darauf bellt er, weil er wieder hinauswill.

Nach den Nachrichten, Marion und ich sitzen bereits am Esstisch, geht die Tür auf, und Frau Ellermann kommt mit zwei dampfenden Töpfen auf einem Tablett. »Jetzt geht's los. Aber schnell, sonst wird es kalt.«

Es gibt Huhn in Curry.

»Wir nehmen uns selber«, sagt Marion.

»Aber gerecht aufteilen«, mahnt Frau Ellermann.

»Natürlich, aber Sie müssen erst noch Ihren Teil nehmen...«

»Nein, Frau Gräfin, ich habe doch meinen Teil in der Küche.«

»Ist aber sicher nicht genug, wollen Sie nicht –?«

»Nein, nein, ich hab genug. Essen Sie nur auf. Damit es morgen gutes Wetter gibt.«

Diese Unterhaltung findet nahezu jeden Abend statt.

Marion teilt das Essen gerecht auf. Gerecht bedeutet in ihrem Sinne, dass sie sich höchstens ein Viertel nimmt und dem Gast den Rest zuweist. Marion isst immer nur sehr wenig.

Als wir gerade anfangen wollen, betritt Frau Ellermann noch einmal den Raum und bringt die Quarkspeise für danach. Sie stellt die Glasschüssel ans Tischende. Auf dem Weg zurück bleibt sie plötzlich stehen und dreht sich um: »Das Huhn ist ganz frisch, das bekommt man nicht alle Tage. Man muss beim Einkaufen genau hinsehen.«

»Erst einmal müssen wir es probieren«, antwortet Marion.

Frau Ellermann lacht: »Ich gehe lieber, sonst denkt die Gräfin wieder, ich würde zu viel reden.«

Frau Ellermann verschwindet, die Tür bleibt angelehnt.

»Sie lässt immer die Tür offen«, seufzt Marion.

Bei Tisch sprechen wir wie gewohnt über die Nachrichten des Tages, Marion kommentiert das politische Geschehen. Familiäres ist ein ebenso häufiges Thema. »Hast du was von Paddy gehört?«, »Wie geht's Andreas?«, »Und Verus?«, »Karin ist jetzt umgezogen, ich bin gespannt, was sie erzählt.«

Den Rest des Abends verbringen wir vor dem Kamin. Marion hat das Holz geschichtet. Sie ist überzeugt davon, dass nur sie die Kunst des Holzschichtens perfekt beherrscht. Wenn ich es doch einmal übernehme, schaut sie misstrauisch auf die Flammen: »Hoffentlich wird es noch.«

Wenn *ihr* Feuer mal nicht richtig angeht, stellt sie fest: »Merkwürdig, ich habe es genauso gebaut wie gestern – aber Feuer hat seine eigenen Gesetze.«

Auf dem Couchtisch vor dem Kamin steht eine Flasche Cognac. Meist trinkt Marion nach dem Abendessen ein Glas. Dazu gibt es ein Stück von der Schokolade, die sie in der Schreibtischschublade aufbewahrt.

Wir lesen in den mitgebrachten Zeitungen. Immer mal wieder schaut Marion aufs Feuer. »Ich glaube, wir müssen ein bisschen darin rumstochern. Aber nicht zu viel, das hat es nicht gern.«

Ich wende vorsichtig einen Holzscheit, drehe einen anderen kaum merklich zur Seite. Marion erzählt von der alten ostpreußischen Regel, nach der man einen anderen Menschen erst dann an seinen Kamin lässt, wenn man ihn mindestens sieben Jahre kennt.

Wenn ich Marion am Wochenende besuche und das Wetter gut ist, setzen wir uns nach dem Mittagessen mit Kaffee, Keksen und Zeitungen auf die Terrasse. Manchmal nimmt sie einen Stapel Informationsmaterial als vorbereitende Lektüre für einen Leitartikel mit nach draußen.

An einem sommerlichen Tag im Juni sitzen wir lange im Garten. Marion hat eine Sonnenbrille auf der Nase, die Ärmel hochgekrempelt und liest die *Zeit*. Ich studiere eine andere Zeitung. Später tauschen wir. Wenn Marion etwas Wichtiges entdeckt, legt sie den Artikel auf den Tisch: »Der ist wirklich gut, da hat man auf einer halben Seite alles, was man zu dem Thema wissen muss.« Oder sie holt einen ihrer kleinen Bleistifte aus der Jackentasche, streicht etwas an und reißt den Artikel heraus. Wenn ich etwas fragen will, lässt sie sich gern unterbrechen. Oft stellt auch sie Fragen. »Kannst du mir erklären, was das eigentlich genau ist: digital?«

Ich kann es nicht erklären.

»Es ist komisch«, meint sie, »ich habe noch keinen getroffen, der das genau wusste. Das ist wie mit dem Telefon: Man benutzt es jeden Tag, aber wie das funktioniert, weiß keiner.«

Nach einer Weile legt sie die Zeitung auf den Tisch und sieht sich im Garten um. Die Rhododendronbüsche glänzen silbern in der Sonne, das Eichhörnchen, das in ihrem Garten lebt, springt im alten Pflaumenbaum von einem Ast zum andern. Marion lacht.

Mein Stuhl steht mit den hinteren Beinen am Rand der Terrassensteine, hinter denen sich eine kleine Hecke befindet. Marion fällt etwas ein, das sie erheitert. »Genau da, wo du sitzt, ist mal eine alte Fürstin verschwunden…«

»Wie bitte?«

»Wir tranken Kaffee, und während wir uns unterhielten, senkte sich plötzlich ihr Stuhl nach hinten, und im nächsten Moment war sie weg.«

»Oje. Ist ihr was passiert?«

»Das weiß ich nicht. Ich hatte natürlich nur Angst um meine schöne Hecke…«

Sie lächelt dem Gedanken einen Moment hinterher. Dann greift sie sich den Stapel mit Informationsmaterial und blättert darin.

»Wie schreibst du eigentlich deine Artikel?«, frage ich, nachdem sie den Stapel wieder auf den Tisch gelegt hat.

Sie überlegt. »Meistens habe ich schon einige

Tage eine Vorstellung, worum es bei einer Sache geht, manchmal auch länger. Ich denke dann beim Spazierengehen darüber nach. Man muss natürlich eine gewisse Vorstellung von der Welt haben, das hilft sehr. Das Schreiben an sich geht eigentlich schnell. Wichtig ist immer der erste Satz. Und der letzte. Ich habe einen gewissen Sinn für Schlusssätze. Jedenfalls sagen das andere manchmal.« Sie legt die Sonnenbrille auf den Tisch und lehnt sich zurück. Nach ein paar Minuten nimmt sie den Gedanken wieder auf: »Wenn man mit einem Artikel politisch etwas bewirken will, muss man sehr genau auf den richtigen Zeitpunkt achten. Die besten Argumente nützen nichts, wenn man sie zu früh bringt. Am besten ist es, wenn die Sache zu brodeln beginnt. Oder wenn es schon abgeklungen ist. Dann sind die Menschen empfänglich für gute Argumente, die bleiben dann auch haften. Wenn man zu früh kommt, vergessen es die Leute, und mittendrin, wenn alle durcheinanderquatschen, gehen auch die besten Argumente unter.«

Marion will ihren Artikel noch am heutigen Sonntagabend schreiben. Eigentlich müsste er erst am Dienstag fertig sein, aber Marion sagt, sie sei immer gerne früh fertig.

»Hörst du denn auf, wenn du zu müde bist, und schreibst am nächsten Tag weiter?«, frage ich.

»Nein, ich habe es nicht gern, wenn Dinge liegen bleiben. Am nächsten Tag gebe ich den Text einem Kollegen zu lesen und mache kleine Korrekturen. Das war's.«

»Und wenn du deinen Artikel in der Zeitung liest, hast du manchmal im Nachhinein das Gefühl: Da fehlt noch was?«

»Nein, eigentlich nie. Aber mit Büchern geht es mir manchmal so, dass ich denke: Dieses oder jenes hätte da vielleicht noch hineingepasst.«

Nach dem Kaffee im Garten ist der obligatorische Spaziergang dran. Marion geht gern lange spazieren. Am liebsten über Gras oder auf Waldboden. »Ich bin ein Naturmensch«, sagt sie manchmal. Im Goßlers Park, ein paar Gehminuten entfernt, nutzt sie immer die Gelegenheit, über die Wiese zu gehen, sogar wenn der Boden feucht ist.

Wenn mehr Zeit zur Verfügung steht, zieht es sie in den Wald oder zur nahe gelegenen Sülldorfer Feldmark. Weites flaches Land, unterbrochen von Knicks, die den Wind brechen. Zwischen den Feldern hindurch führt eine schmale Straße, die nur für Landwirtschaftsverkehr, Fahrräder und Fußgänger freigegeben ist. Die Landschaft erinnere sie an Ostpreußen, sagt sie einmal.

Sie spricht verhältnismäßig selten über ihre Heimat. Welche Bedeutung sie für Marion hat, weiß man aus ihren Erinnerungsbüchern *Namen, die keiner mehr nennt – Ostpreußen, Menschen und Geschichte*, das sie zwanzig Jahre nach ihrer Flucht in den Westen geschrieben hat, sowie *Kindheit in Ostpreußen*, das weitere fünfundzwanzig Jahre später erschien.

Manchmal klingt der Schmerz über den Verlust der Heimat in einem Nebensatz an, in einem Kommentar zur Natur, durch die man spaziert, oder in einer Anekdote aus ihrem früheren Leben. Ansonsten bestimmen aktuelle Themen ihr Denken. Und doch hat man gelegentlich den Eindruck, dass Marion stets eine leise Melancholie umweht.

Bei einem Spaziergang durch die Sülldorfer Feldmark steuern wir wie gewohnt die Pferdekoppeln an. Ein dunkelbrauner Wallach mit ausdrucksstarken Augen kommt vorsichtig auf uns zu. Marion sagt: »Er hat einen guten Schritt.«

Sie stellt sich ans Gatter und spricht mit dem Pferd. Früher ist Marion eine passionierte Reiterin gewesen.

Der Spaziergang führt vorbei an alten Eichen und über Kuhfladen hinweg. Als wir den Forst Klövensteen erreichen, bleibt Marion plötzlich stehen: »Was ist das für ein Baum?«

»Keine Ahnung«, antworte ich wahrheitsgemäß.

»Hör mal, das musst du doch wissen.«
»Warum muss ich das wissen?«
»Du bist doch auf dem Land aufgewachsen.«
»Ja, aber in Afrika – da gibt es eben andere Bäume. Weißt du zum Beispiel, wie ein Avocadobaum aussieht?«
»Nein. Das muss man aber auch nicht wissen.«
»Eine Akazie?«
»Ja, natürlich.«

Das Baumabfragen wächst sich schon seit einiger Zeit zu einem Problem zwischen uns aus. Marion will nicht begreifen, dass ein naher Verwandter nicht alle oder zumindest die wichtigsten Baumarten kennt. Mir wiederum ist ihre Hartnäckigkeit in dieser Angelegenheit geradezu rätselhaft. Aber vielleicht bedeutet das Auskennen in der Natur – in Ostpreußen vollkommen selbstverständlich – eine innere Verbindung zur Heimat.

Wir spazieren entlang einiger Maisfelder, weichen einem entgegenkommenden Trecker aus, begegnen zwei Reitern und schließlich einem Hund auf drei Beinen. Diesen Hund kennen wir schon, er gehört zu einem der nahe gelegenen Höfe.

Auf dem Rückweg kommt Marion ein Geschehnis in den Sinn, das sich erst kürzlich ereignet hat.

Sie erzählt: »Es war schon spät und sehr dunkel, als ich noch mal mit dem Felix um den Block ging.

Die Straßen sind menschenleer um diese Zeit. Plötzlich taucht wie aus dem Nichts ein Mann vor mir auf – eine ziemlich furchteinflößende Erscheinung. Der Felix, der sich über Menschen immer freut, läuft um uns herum, so dass die Leine diesen Fremden und mich zusammenbindet. Da sagt der Mann mit heiserer Stimme: ›Sind Sie nicht die Gräfin Dönhoff?‹ Ich überlege: Ist es jetzt besser, wenn ich ja sage oder nein? Ich entscheide mich für ein Ja, woraufhin er sagt: ›Wir haben uns neulich schon einmal gesehen…‹ Ich denke, nun zieht er vielleicht die Pistole. ›Wo denn?‹, frage ich. Es stellt sich heraus, dass wir uns auf einer Beerdigung begegnet waren. Und da fiel es mir wieder ein: Es war der Pastor.«

Marion mag Tiere. Als Kind besaß sie ein Reh, später waren es Pferde, nach dem Krieg Hunde. Ihr Lieblingshund war wohl Basra, ein Boxer, der in den sechziger Jahren mit ihr in Blankenese lebte. Aber auch an Dackel Felix und seinem Vorgänger Sascha hing Marion.

»Felix liebt Menschen«, sagt sie. »Er freut sich, wenn Besuch kommt – es dürften auch Einbrecher sein. Er ist außerordentlich intelligent und bemüht sich, die Menschensprache zu erlernen. Ein wenig versteht er schon.«

Marion hat es vielfach getestet und auch schon bewiesen: Wenn sie in ihrem Sessel vor dem Kamin oder am Schreibtisch sitzt und der Dackel sie erwartungsvoll ansieht, spricht sie manchmal zu ihm, ohne dabei einen besonderen Ton mitschwingen zu lassen: »Wir haben jetzt keine Zeit für dich.« Sofort dreht sich Felix beleidigt um und geht zum Korb. Oder sie fragt: »Willst du spazieren gehen?« Da springt der Dackel aus dem Stand hoch und läuft zu seiner Leine. »Er kann viele verschiedene Laute von sich geben und vermitteln, wie er sich fühlt. Aber es gibt immer Schwierigkeiten, weil er eine entscheidende Sache nicht gelernt hat, etwas wirklich Wichtiges: nämlich, dass es zwischen einem Ja und einem Nein einen Unterschied gibt. Wenn man das nicht weiß, ist die Welt natürlich schwer zu verstehen. Das hat die Ellermann verbockt, weil sie immer lacht, egal, was er macht. Wenn er zum Beispiel in der Küche sitzt und sie ihn auffordert, die Küche zu verlassen, bleibt er trotzig sitzen, da lacht sie und sagt: ›Der Kleine ist so süß!‹«

Ich kann mich noch gut erinnern, wie Felix in diesen Haushalt kam. Marion rief mich an einem Morgen im Januar 1997 an und sagte: »Du, der Sascha ist tot. Frau Ellermann ist ganz außer sich, wir müssen schnell einen neuen Dackel kaufen, kommst du mit?«

Als Marion, Frau Ellermann und ich beim Dackelzüchter vor einem Rudel kleiner Hunde stehen, fällt ein besonders quirliger auf. Marion und Frau Ellermann einigen sich schnell auf ihn. Auf dem Rückweg nach Hause sagt Frau Ellermann, die mit dem Dackel im Arm neben mir auf dem Beifahrersitz sitzt, plötzlich: »Ich weiß schon, wie er heißen soll…« Wir sind gespannt, und Frau Ellermann sagt: »Boris! Das passt doch gut, oder?«

Mir scheint dieser Name für einen Hund, zumal einen Dackel, nicht so passend. »Denkt man bei dem Namen nicht an Boris Becker?«

»Nein, nein«, meint Frau Ellermann, »man denkt an Boris Pasternak, Doktor Schiwago!«

»Oder an Boris Jelzin«, kommt Marions Stimme von hinten.

Die nächsten Minuten fahren wir schweigend in Richtung Blankenese. Marion schaut aufmerksam aus dem Fenster. In dieser Gegend ist sie immer selbst gefahren, jetzt kann sie die Außenbezirke der Stadt einmal in Ruhe ansehen.

»Dann nennen wir ihn eben Felix«, sagt Frau Ellermann.

»Wie kommen Sie denn auf Felix?«, frage ich.

»Mein Goldfisch heißt Felix.«

»Ich wusste gar nicht, dass Sie einen Goldfisch haben«, sagt Marion.

»Doch, zu Hause in der Heide.« Frau Ellermann besitzt in der Lüneburger Heide, wo sie herstammt, ein Häuschen. »Den habe ich seit dreißig Jahren, den Fisch.«

»Das ist doch Unsinn«, meint Marion, »so alt kann kein Goldfisch werden.«

Frau Ellermann lacht: »Der ist doch aus Glas!«

»Die Gräfin ist ein Kamerad«, sagt Frau Ellermann. Vor ein paar Jahren habe sie sich mit einem Anwalt in Lüneburg auseinandersetzen müssen, und da sei ihr alles über den Kopf gewachsen. »Da hat die Gräfin gesagt: ›Kommen Sie, ich schwänze eine Konferenz und fahre mit Ihnen nach Lüneburg.‹«

Mittags hat sich Frau Ellermann im Pressehaus eingefunden, und die beiden fuhren im Porsche los.

»Die Gräfin fährt ja wie eine Eins, aber an dem Tag ist sie auf der Autobahn gerast, da bin ich langsam von meinem Sitz nach unten gerutscht. Da fragt die Gräfin plötzlich: ›Haben Sie etwa Angst?‹ – ›Nein, nein‹, habe ich gesagt.

Wir waren in dreißig Minuten in Lüneburg – normalerweise dauert das fünfzig Minuten. Die Gräfin hat dort alles mit dem Anwalt geregelt, und danach sind wir wieder zurückgerast.«

Renate Ellermann nimmt 1985 nach mehreren Stationen als Haushälterin die frei gewordene Stelle bei Marion an. Schnell befreundet sie sich mit den Nachbarn in Blankenese, die sie beim täglichen Spaziergang mit dem Hund trifft.

Eines Tages erfährt Frau Ellermann bei dieser Gelegenheit etwas, das sie aufs höchste alarmiert. Eher beiläufig berichtet ihr eine Nachbarin belustigt, dass die Gräfin vor einer längeren Reise das Silberbesteck immer unter dem Bett verstecke. Frau Ellermann erstarrt. Dieses Geheimnis ist also bekannt! Frau Ellermann zieht an der Leine und macht sich mit dem Hund auf direktem Wege auf nach Hause. Noch am selben Tag findet sie für das Silber ein neues Versteck.

Als Marion am Abend aus dem Büro kommt, berichtet ihr Frau Ellermann aufgeregt vom Gespräch mit der Nachbarin und erklärt erleichtert, dass ein neues Versteck schon gefunden sei.

»Sehr gut«, lobt Marion. »Und wo ist das Versteck?«

Frau Ellermann hebt die Hände: »Von mir wird es kein Mensch erfahren!«

Marion stutzt: »Aber ich muss doch wissen, wo mein Silber versteckt ist.«

»Also, Frau Gräfin, es ist besser, wenn auch Sie es nicht wissen.«

Frau Ellermann hat immer den Eindruck, dass Marion generell zu unvorsichtig sei, und so ermahnt sie sie stets, die Haustür gut abzuschließen, abends die Jalousien runterzulassen, sich im Auto anzuschnallen etc.

»Die Gräfin sagt, ich sei zu ängstlich«, erzählt Frau Ellermann. »Aber das stimmt gar nicht. Ich überlege ja nur, was alles passieren *könnte*.«

Nachdem sie kurz nachgedacht hat, ist Marion mit der Idee, dass auch sie das Silber-Versteck nicht kennt, einverstanden. Von nun an werden vor Reisen silberne Gabeln, Messer und Löffel in ein Tuch gewickelt und von Frau Ellermann an einen sicheren Ort im Haus gebracht.

Marion hat übrigens nie erfahren, wo dieser Ort ist. Erst lange nach ihrer Beerdigung hat Frau Ellermann in einer ruhigen Minute das Versteck preisgegeben. Es befand sich in einer dunklen Ecke des Speiseschranks, hinter den Kartoffeln.

# Reise nach Südafrika

Marion ist ihr Leben lang viel gereist. In jungen Jahren begleitete sie ihre Mutter zu einer Fahrt nach Rom. So richtig Freude machte ihr diese Reise noch nicht, was offenbar an der strengen Begleitung lag. Drei Jahre später sah es schon anders aus. 1929 war die Begleitung eine Schulfreundin und deren Vater. Acht Wochen reisten sie im Zug durch die USA, von der Ostküste bis zur Westküste und wieder zurück. Danach war Marion selbständig und im eigenen Auto unterwegs. Mit ihrer Schwester Yvonne startete sie im offenen Cabrio – einem Röhr Junior Sports – zu zahlreichen Touren durch die Baltischen Staaten. Im Frühjahr 1939 fuhren die Schwestern, ebenfalls im Cabrio, viertausend Kilometer von Ostpreußen quer durch Europa und über den Balkan hinunter bis nach Albanien und wieder zurück.

Nach dem Krieg – die Welt hatte sich verändert und Marion lebte ihr neues Leben in Hamburg – war sie als Journalistin unterwegs. Neben Amerika und Afrika bereiste sie auch die asiatische und arabische Welt, von wo aus sie in Reportagen und Leitartikeln für die *Zeit* berichtete.

Nun, im Alter, reist Marion meist mit dem Zug, zweiter Klasse selbstverständlich, und im Flugzeug. Sie wartet äußerst ungern, und so achtet sie darauf, möglichst als Letzte den Flieger zu besteigen. Da sie gute Nerven hat, berechnet sie alles so knapp wie möglich.

Manchmal allerdings zu knapp. Eines Tages gerät sie mit ihrem Auto in einen längeren Stau und erreicht den Hamburger Flughafen erst kurz vor der Abflugzeit. Da sie schon am nächsten Tag wieder zurück sein wird, parkt sie den Wagen im Halteverbot. Ein Flughafenmitarbeiter, der das beobachtet, eilt heran, um Marion auf das Verbotsschild aufmerksam zu machen.

»Ich habe es gesehen«, erklärt Marion, »aber ich muss zu einer dringenden Sitzung und bin morgen schon wieder zurück.«

»Mir ist es ja egal«, entgegnet der Mann freundlich, »aber hier wird oft abgeschleppt. Morgen könnte das Auto weg sein.«

Kurz entschlossen reicht Marion dem Mann ihren Schlüssel: »Dürfte ich Sie vielleicht darum bitten, den Wagen in die Garage zu fahren? Den Schlüssel lasse ich abholen.«

Verblüfft nimmt der Flughafenmitarbeiter den Autoschlüssel entgegen.

Gefragt, ob sie bei dieser Aktion keine Sorge gehabt habe, dass der fremde Mann mit ihrem Auto abhauen könnte, schüttelt Marion den Kopf. »Es gibt im Leben nichts Bestechenderes als Vertrauen.«

Wenn Marion und ich zusammen unterwegs sind, aber ausnahmsweise mal nicht zu spät, schlägt sie manchmal vor, die verbleibende Zeit in der »Senator-Lounge« zu verbringen. Die Damen am Empfang und Marion kennen sich, kurzes Geplänkel, bevor es weitergeht. Überhaupt gewinnt man in Begleitung von Marion auf deutschen Flughäfen den Eindruck, dass die meisten Lufthansa-Mitarbeiter sie kennen, was nach jahrzehntelanger Fliegerei auch nicht verwunderlich ist. Vielleicht ist es aber auch die gute Laune, die von Marion ausgeht, wenn sie sich auf Flughäfen bewegt. Es ist ein Ort der ständigen Bewegung, ein Sprungbrett in die Welt. Hier ist sie in ihrem Element.

Sobald wir in der Maschine unsere Plätze eingenommen haben, öffnen wir die Zeitungen. Ob das Flugzeug startet oder landet, ob Luftlöcher oder andere Turbulenzen stören, Marion lässt sich von ihrer Lektüre nicht ablenken. Höchstens durch etwas, das auf dem Nachbarplatz geschieht: Es dauert meist nicht lange, bis Marion beim Umblättern zu mir herüberblickt, versucht zu erkennen, was ich lese, und fragt: »Ist es interessant? Was ist es denn? Ah, ja.« Wenn sie in ihrer Zeitung etwas entdeckt, das sie für besonders gut geschrieben hält oder was ihr thematisch wichtig erscheint, schiebt sie es wortlos zu mir herüber. Ich schaue kurz drauf und lege es für später zur Seite.

»So schnell kannst du lesen?«, sagt Marion.

»Ja.«

»Was ist denn die wesentliche Aussage?«

»Dass man eines nach dem anderen tun und sich nicht von der Sitznachbarin beirren lassen sollte.«

»Das Erste stimmt jedenfalls«, sagt Marion und lacht.

Bei Überseeflügen bekommt Marion manchmal ein Upgrading von der zweiten in die erste Klasse, was sie jedes Mal aufs Neue überrascht und erfreut. Luxus bleibt für sie stets ein neues Ereignis.

So ist es auch auf dem Flug ins südliche Afrika, nach Namibia, wo wir den Jahreswechsel 1991/92 verbringen wollen. Mit dabei ist auch Hermann, der Sohn von Marions ältestem Bruder Heinrich, der im Krieg gefallen ist. Marion hat damals für dessen drei Kinder Christian, Hermann und Christina die Vormundschaft übernommen.

Die politische Entwicklung im südlichen Afrika ist eines der außenpolitischen Hauptthemen, denen sich Marion über Jahrzehnte widmet. Diese Reise wird für sie eine Mischung aus Urlaub und Arbeit sein. Entsprechend ist die Route aufgeteilt: ein paar Tage Safari in Namibia, dann weiter nach East London in Südafrika, um alte Freunde zu besuchen, und schließlich nach Johannesburg und Pretoria, um politische Gespräche zu führen.

Als sich in Windhoek die Tür des Flugzeugs öffnet, bricht das helle afrikanische Licht herein. Es sind vierzig Grad Temperaturunterschied gegenüber Deutschland, wo wir bei minus fünfzehn Grad Kälte abgeflogen sind. Die Passagiere müssen zu Fuß über das Rollfeld zum Flughafengebäude gehen. Marion marschiert mit ihren zweiundachtzig Jahren vor mir her, den Rücken durchgestreckt, ihre Tasche lässig über die Schulter gehängt, eine dünne Jacke unterm Arm, und sagt: »Wundervoll warm hier.« Der Temperaturunterschied belastet sie nicht.

Empfangen werden wir von Helmut Bleks, einem alten Ostpreußen, wie Marion immer sagt – der eigentlich in Berlin geboren wurde, aber in Ostpreußen aufgewachsen ist.

Den ersten Abend verbringen wir im hügeligen Khomas-Hochland auf der Farm Baumgartsbrunn, vierzig Kilometer von Windhoek entfernt, wo

Helmut Bleks und seine Frau Traudel leben. Die beiden sind 1970 mit vier Kindern aus Deutschland ausgewandert und haben sich in Namibia niedergelassen.

Bis spät in die Nacht sitzen wir auf der Terrasse im flackernden Licht einer Petroleumlampe hoch über der Savanne, von der die Laute wilder Tiere zu uns heraufdringen. Helmut erzählt Geschichten vom Leben in Afrika, Amüsantes und Tragisches. Am meisten aber interessiert Marion sich für die neusten Informationen aus Helmuts Schule. Der ehemalige Manager hat mit der tatkräftigen Hilfe seiner Frau kurz nach der Umsiedlung nach Namibia eine Schule gegründet.

Für schwarze Kinder gab es damals auf dem Land keine Schulausbildung, hatte es nie gegeben. Die Bleks entwickelten daraus eine Lebensaufgabe. Nach nur wenigen Jahren lief die Schule auf Hochtouren, sie beherbergt bis heute mehrere hundert Jungs und Mädchen, die allesamt eine kostenlose Ausbildung erhalten. Finanziert wird das Projekt durch Stiftungsgelder, für deren Eintreibung Helmut Bleks ständig unterwegs ist.

Marion ist fasziniert von dem Projekt, seit sie Mitte der achtziger Jahre bei einem Stopp in Windhoek davon erfuhr und Helmut Bleks spontan besuchte. Es begeistert sie zu sehen, wie viel ein einzelner Mensch mit seinem Willen und mit Tatkraft bewirken kann.

Zwei Tage bleiben wir auf der weitläufigen Farm, schauen uns die Schule an, erholen uns ein wenig von der langen Anreise. Der letzte Tag des Jahres ist angebrochen, und wir machen uns in der Frühe zu fünft auf den Weg in den Norden Namibias. Unser Ziel ist der Etosha-Nationalpark. Es wird eine sehr ausgedehnte Autofahrt. Achthundert Kilometer in einem Kleinbus bei großer Hitze über endlos lange gerade Straßen durch eine menschenleere Landschaft. Je mehr wir in den Norden kommen, umso öfter sind am Straßenrand Antilopen zu sehen, einmal eine Herde Zebras, mehrmals Giraffen. Zwei dieser Tiere laufen ein Stück neben uns her. Marion beobachtet sie entzückt aus ihrem Seitenfenster. Nach einer Weile stellt sie fest: »Sie haben Schwierigkeiten, ihren Hals zu transportieren.«

Endlich am Ziel, und noch bevor wir zur Lodge fahren, machen wir einen Abstecher zu einer Wasserstelle, wo die meisten Tiere anzutreffen sind. Als der Motor abgestellt ist, umgibt uns nur noch die Stille der afrikanischen Wildnis. Zebras trinken Wasser, Hyänen lungern herum. Und wieder Giraffen, die sich der Wasserstelle nähern.

Marion nimmt das Fernglas: »Wundervoll, wenn sie sich so majestätisch bewegen«, sagt sie leise.

»Besonders schöne Tiere«, kommentiert jemand halb flüsternd.

»Sie haben schöne Köpfe«, stimmt Marion zu. »Aber viel passt da ja nicht hinein.«

Die Tage im Nationalpark verbringen wir mit kleinen Safaris in der Umgebung der Lodge. Ein Rudel Löwen zeigt sich in der Morgensonne, Geparden tauchen für Momente im Dickicht auf. Mitten auf der Straße, gleich hinter einer Kurve, steht plötzlich ein riesengroßer Elefant vor uns. In freier Wildbahn wirkt ein solcher Koloss noch größer als im Gehege eines Zoos, aber vermutlich kommt es einem hier nur so vor, jetzt, da man ihm ausgeliefert ist. Der Elefant schaut eine Weile den winzigen Bus an, der mit seinen runden Scheinwerfern ängstlich zurückschaut. Er kann aber nichts Spannendes an ihm finden, und so überquert er gemächlich weiter die Schotterpiste und verschwindet langsam im hohen Gestrüpp.

Nicht viel später treffen wir auf Oryxantilopen, die größten Antilopen Afrikas. Sie haben dunkle Körper und ein weißes Gesicht mit großen schwarzen Punkten. »Die sehen ja ganz nett aus«, meint Marion, »aber das Gesicht ist ein bisschen wie eine Karnevalsmaske, nicht?«

Wenn wir nicht unterwegs sind, zieht sich jeder zurück: Hermann liest, ich schreibe Tagebuch,

Marion bereitet sich auf ihre Gespräche in Johannesburg vor. Dafür hat sie sich einen Arbeitsplatz unter einer Akazie eingerichtet. Dabei liegt ein kleiner Plastiktisch umgedreht auf ihrem Schoß, während sie bequem auf einer Liege liegt.

Ein paar Tage später verabschieden wir uns in Windhoek von Helmut und Traudel Bleks. Wir fliegen nach East London in Südafrika, wo die Familie Wilson lebt. Sie sind Apartheidsgegner, die jahrzehntelang ein gefährliches Leben führten. Francis Wilson ist Professor an der Universität Kapstadt, Lindy Wilson eine Regisseurin, die mit politischen Filmen viel Wirbel erzeugt. Marion ist mit beiden seit den sechziger Jahren befreundet.

Von hohen Bäumen umgeben, steht das Haus der Wilsons auf einer Anhöhe, von der man ins weite afrikanische Land blicken kann. In der Nähe des Hauses befinden sich ein See und ein kleiner Wasserfall, dessen Rauschen einen nachts in tiefen Schlaf zieht.

Am nächsten Tag machen wir einen ausgedehnten Spaziergang durch das nahe urwaldähnliche Gelände. Man solle auf Schlangen achten, wird uns gesagt.

»Hast du Angst vor Schlangen?«, fragt Marion, als sie neben mir hergeht.

Habe ich nicht.

»Ich auch nicht«, sagt Marion. »Eher vor Leoparden. Die springen einen von oben an.« Marion wirft einen prüfenden Blick zu den Baumkronen. Aber dort sind im Moment nur Vögel zu sehen.

»Ich habe mal einen Leoparden geschossen«, erzählt sie und sieht in diesem Moment ein wenig stolz aus. »Das war Anfang der dreißiger Jahre in Kenia, als ich Toffi besuchte.«

Ihr jüngster Bruder, mein Großvater, lebte damals in Kenia, wohin er ausgewandert war. 1930 besuchte ihn Marion, damals einundzwanzig Jahre alt, und blieb mehrere Monate.

»Einen Leoparden zu schießen war 'ne dolle Sache«, erinnert sie. Aber heute sehe sie die Sache anders. »Ich könnte auf kein Tier mehr schießen.«

Wieder zurück im Hause der Wilsons ziehen sich alle zu einer Pause zurück auf ihre Zimmer. Nur Marion nicht. Sie nimmt sich einen der Plastikstühle, die draußen um einen Tisch gruppiert sind, und zieht ihn über den Rasenplatz. Sie richtet den Stuhl so, dass sie den offenen Blick in die Ferne genießen kann. Dann zieht sie ihre Schuhe aus, krempelt die Ärmel ihrer Bluse hoch und sitzt die nächsten zwei Stunden wie auf einem kleinen Plastikthron. Zu ihren Füßen schläft der strubbelige Hund des Hauses. In den Fingern hält sie einen Bleistift, auf ihrem Schoß liegt ein Block Papier. Ab und zu schreibt sie etwas. Ansonsten schaut sie in die Ferne.

Letzte Station unserer Reise ist Johannesburg, wo wir fünf Tage bleiben und die Arbeit für Marion im Mittelpunkt steht. Das Land befindet sich in den Anfangsmonaten des Jahres 1992 in einer besonders heiklen politischen Phase: Präsident Frederik de Klerk und Nelson Mandela ringen um eine neue Verfassung. Marion gehört zu den wenigen politischen Journalisten in der Welt, die die politische Entwicklung in Südafrika über Jahrzehnte kontinuierlich verfolgt haben. Viele andere haben im Laufe der Jahre aufgegeben. Ihre Begründung: Da passiert sowieso nichts Vernünftiges mehr, irgendwann bricht der Bürgerkrieg aus, und die Schwarzen werden die Weißen aus dem Land jagen. Kaum jemand hat noch an einen friedlichen Wandel vom Apartheidssystem zur freien Demokratie geglaubt.

Marion hat den Glauben daran nie verloren. In diesem Sinne schrieb sie regelmäßig in der Zeitung und wurde dafür des Öfteren als naiv belächelt. Im Land selbst wurde ihre kritische, aber optimistische Haltung in beiden politischen Lagern gewürdigt, und sie ist stets ein gefragter Gesprächspartner.

Und so ist es auch jetzt wieder, als sie in Johannesburg eintrifft.

Wir wohnen im Carlton Hotel, einem der ältesten Häuser der Stadt. Es ist gar nicht lange her, dass Marion hier den Chef des Homelands Bophuthatswana für ein Gespräch zum Mittagessen in das Hotelrestaurant einladen wollte und feststellte, dass dies nur mit einer Ausnahmegenehmigung möglich war, die Marion zuvor besorgen musste. Aber nun – die Apartheid ist gerade abgeschafft – hat sich das Bild vollkommen gewandelt: Hotellobby, Restaurant und Bar sind gut besetzt mit schwarzen Menschen, die Weißen sind eindeutig in der Minderheit.

In den folgenden Tagen führt Marion viele Gespräche. Sie sucht Politiker, politische Aktivisten, Kulturschaffende und befreundete Journalisten in ihren Büros oder zu Hause auf, oder sie kommen zu ihr ins Carlton. Die Gespräche sind jeweils kurz und intensiv. Marion stellt knappe Fragen, hört hochkonzentriert zu, macht sich keinerlei Notizen (die schreibt sie erst am Abend, bevor sie zu Bett geht).

Besonders interessant ist die Einladung bei Helen Suzman. Sie ist dreißig Jahre lang Abgeordnete im Parlament gewesen, davon lange Zeit die Einzige, die dort gegen die Apartheid kämpfte. Zu Marions Ehren hat Helen Suzman verschiedene Politiker zu einem Abendessen eingeladen.

Unvergesslich ist diese Szene: Auf einem geblümten Sofa sitzen die beiden grauhaarigen, höchst agilen Damen und diskutieren, während um sie herum, wie Bäume um eine Waldlichtung, die viele Jahre jüngeren Politiker stehen und stumm dem Gespräch lauschen.

Auf dem Rückflug nach Frankfurt sitzen wir in einem Jumbo. Marion hat gleich nach dem Einsteigen die neueste *Herald Tribune* ausgepackt. Kurz nach dem Start sackt das Flugzeug plötzlich heftig ab. Aus hundert aufgeschreckten Gesichtern kommt ein kollektiver Schrei. Ich schaue zu Marion hinüber, die ungerührt weiter Zeitung liest. Dieses Bild hat etwas Beruhigendes. In ihrem langen Leben ist sie schon so oft geflogen, denke ich, sicher über eintausend Mal, solche Zwischenfälle kennt sie zur Genüge, und auch wir übrigen Passagiere müssen uns keine Sorgen machen, können in Ruhe lesen oder schlafen oder was auch immer. Dennoch sage ich zu Marion: »Also, ich bin ja noch nicht so oft geflogen, ich habe es noch nicht erlebt, dass ein Flugzeug kurz nach dem Start solche Probleme hat...«

Marion schaut kurz auf: »Ich habe das auch noch nie erlebt«, und liest weiter.

Der Rest des Fluges verläuft unauffällig. Nervös wird Marion erst am nächsten Morgen vor der

Landung in Frankfurt, als über Lautsprecher eine ausführliche Werbung für die Stadt verlesen wird. »Ich habe nichts gegen Frankfurt«, sagt Marion ärgerlich, »aber dass sie hier so lange Reklame machen, finde ich ziemlich unverschämt.«

Nach der Landung, die meisten Passagiere sind schon von Bord, tritt sie durch die offene Tür ins Cockpit. »Entschuldigen Sie, wenn ich störe«, höre ich sie sagen. Den Rest kann ich akustisch nicht verstehen, aber ich sehe folgende Szene: Zunächst unterschätzt der Pilot, was da auf ihn zukommt, er schaut die alte Dame nur müde und gnädig an. Danach ist auch von weitem an der Veränderung seines Gesichtsausdrucks die Entwicklung der Unterhaltung abzulesen. Nach einer halben Minute ist der Mann bereits hochkonzentriert, er antwortet, scheint aber ein wenig beleidigt. Eine weitere Minute später ist er offenbar einsichtig und nun froh, dass die Unterhaltung – womöglich war es eine für ihn überraschende Standpauke – wieder vorbei ist. Die beiden verabschieden sich höflich voneinander.

Als wir das Flugzeug verlassen, sagt Marion: »Ich glaube, er hat's verstanden.«

# Reise nach Ostpreußen

Im Juni desselben Jahres besuchen wir das ehemalige Ostpreußen: die russische Exklave Kaliningrad, das frühere Königsberg. Zwanzig Kilometer von hier, im damaligen Ort Friedrichstein und dem gleichnamigen Schloss, hat die Familie Dönhoff mehrere Jahrhunderte gelebt. Marion wurde dort geboren, und sie verwaltete den weitläufigen landwirtschaftlichen Besitz, bevor sie im Januar 1945 in den Westen flüchten musste. Nur zwei Tage später erreichte die russische Armee Friedrichstein, und das Schloss ging in Flammen auf.

Nach dem Krieg verstreute sich die Familie in Westeuropa. Von der verlorenen östlichen Heimat war natürlich oft die Rede. Auf uns Jüngere wirkten die Erzählungen der Älteren, als ginge es um ein fernes Paradies, das für immer in der Vergangenheit versunken ist. So kommt es mir fast seltsam vor, als Marion und ich, von Hamburg kommend, nach nur einer Stunde Flug in Kaliningrad landen.

Anlass unserer Reise ist die Enthüllung eines

Denkmals des Königsberger Philosophen Immanuel Kant auf dem Platz vor der Universität. Die Besonderheit: Es soll die Nachbildung eines Denkmals enthüllt werden, das einst spurlos verschwunden ist: Im Herbst 1944 – der Krieg neigte sich dem Ende entgegen – war Königsberg unter heftigem Beschuss. In Friedrichstein erreichte Marion ein Anruf vom Königsberger Kunstwart. Er sagt, er habe große Sorge, weil das riesige und berühmte Kant-Denkmal von Christian Rauch, das seit hundert Jahren vor der Universität stehe, den Bomben ausgesetzt sei. Er fragte, ob Marion es in Friedrichstein in Sicherheit bringen könne. Sie war selbstverständlich dazu bereit und suchte gleich im Park vor dem Schloss einen Platz aus, wo das Denkmal unter einer Baumgruppe geschützt stehen konnte. Wenige Tage später wurde der bronzene Kant angeliefert und ging, vermeintlich geschützt, im Gesamtbild des Parks auf.

Jahre nach dem Krieg, Marion war mittlerweile Journalistin in Hamburg, erhielt sie einen Brief aus Kaliningrad. Der Leiter der Kulturbehörde teilte ihr mit, dass das Kant-Denkmal verschwunden sei. Man habe im inzwischen verwilderten Schlosspark gesucht und auch in der Umgebung von Friedrichstein, das inzwischen Kamenka heißt, aber es sei nicht auffindbar. Marion zeichnete an ihrem Schreibtisch in Hamburg eine Skizze vom Park und markierte den Punkt, an dem das Denkmal gestanden hatte. Sie machte auch auf nahegelegene tiefere Gräben aufmerksam, vielleicht hatte man es dort versteckt? Die Suche nach dem Denkmal ging noch lange weiter, aber ohne Erfolg. Marion meinte: »Wahrscheinlich hat irgendjemand das Denkmal zerstückelt und eingeschmolzen.«

Vierzig Jahre später, Ende der achtziger Jahre, tauchte in Berlin die Gipsform einer Statuette Kants auf, die ebenfalls von Christian Rauch stammte und fast identisch mit dem verschwundenen Denkmal war – im Gegensatz zum riesigen Original maß diese kleine Statue allerdings nur sechzig Zentimeter. Marion beschloss, dieses Modell nachgießen zu lassen, um es der Stadt Kaliningrad zu schenken. Auf einer abenteuerlichen Fahrt brachte sie die kleine Figur selbst nach Königsberg. Das war drei Jahre zuvor, im Sommer 1989, als Kaliningrad noch militärisches Sperrgebiet war. Marion hatte eine Sondergenehmigung für die Anfahrt erwirken können und fuhr mit ihrem Neffen Hermann in einem Citroën 2 CV, der sogenannten Ente, los. Meist steuerte Hermann das kleine Auto, ab und an streckte er seine langen Beine aus dem offenen Seitenfenster und seine Tante drückte vom Beifahrersitz aus das Gaspedal. »Und auf dem Rücksitz saß Kant«, erzählt Marion gerne. Über diese Reise hat sie eine Reportage für die *Zeit* geschrieben.

In der Kaliningrader Universität war die Statuette von Kant nun in einer Glasvitrine zu besichtigen. Der Platz vor dem Gebäude blieb jedoch leer. Marion war noch nicht zufrieden.

Sie startete eine neue Suche: Irgendwo müsse doch die sieben Meter hohe Gipsform des Originaldenkmals sein. Wenn man sie finde, könne das Denkmal einfach neu gegossen werden und der Universitätsplatz habe seinen Kant wieder. In zahlreichen Museen und Schlössern in Ost- und Westdeutschland wurde nachgefragt, deren Lagerräume und Speicher durchforstet. Es brachte alles nichts. Auch die Gipsform existierte offenbar nicht mehr.

Trotzdem wollte Marion nicht aufgeben. Sie überlegte sich wieder etwas Neues: Könnte man vielleicht anhand des Modells der kleinen Kant-Statuette die Gipsform für ein großes, in den Maßen des originalen Denkmals anfertigen? In Berlin fand sich ein Bildhauer, der dazu bereit war. Ein Problem waren allerdings die enormen Kosten, nicht nur für den Künstler, sondern auch für Material und Transport. Marion schrieb einen Spendenaufruf in der *Zeit*. Das ehemalige Königsberg und heutige Kaliningrad sollte Kant zurückbekommen, wer wollte sich beteiligen? Marion selbst stiftete als erste eine größere Summe und war gespannt auf die Reaktion der Leser.

Viele meldeten sich. Schließlich kamen über einhunderttausend Mark zusammen. Besonders gerührt war Marion über den Brief einer alten ehemaligen Königsbergerin: Sie habe nur eine kleine Rente, wolle aber dennoch über drei Jahre monatlich zehn Mark überweisen. In einer aufwendigen Prozedur wurde anschließend in Berlin eine Gipsform erstellt und ein neues Denkmal gegossen.

Gut verschnürt wird es in diesem Juni 1992, also fast fünfzig Jahre nachdem das Original aus dem Friedrichsteiner Park verschwunden ist, auf einem Lastwagen nach Kaliningrad transportiert. Fast gleichzeitig landet auch unser Flugzeug auf russischem Boden.

Empfangen werden wir von Jurij, einem jungen Assistenten des Bürgermeisters, der für uns dolmetscht. Er ist für die Organisation des dreitägigen Aufenthalts zuständig, dessen Mittelpunkt die feierliche Einweihung sein wird, der aber auch einige Rundfahrten vorsieht.

Marion wirkt so offen und strahlend wie noch selten. Sie kommuniziert von der ersten Minute an regelrecht vertraut mit den Russen, als spräche sie deren Sprache. Wenn man aus einiger Entfernung sieht, wie sie sich mit zugewandten Gesten mit den

Einheimischen unterhält, könnte man meinen, sie wäre eine von ihnen. Erst wenn man sich nähert, hört man den Dolmetscher übersetzen, wobei es den Anschein hat, dass Marion schon vorher alles verstanden hat.

Wir steigen ins Auto von Aleksej, einem Freund Jurijs. Er spricht etwas Englisch. Marion fragt ihn, wo er die Sprache gelernt habe. »From MTV.« Schon damals ist die junge Generation durch den amerikanischen Fernsehkanal auf dem Laufenden, was die westliche Musikszene betrifft.

Am Nachmittag fahren wir zur Universität, zusammen mit Haug von Kuenheim, einem langjährigen journalistischen Weggefährten Marions, der uns auf dieser Reise begleitet. Wir wollen uns vergewissern, dass das Denkmal wirklich auf dem Universitätsplatz angekommen ist, denn in zwei Tagen soll schon die feierliche Enthüllung erfolgen. Was wir dann zu sehen bekommen, ist komisch: Auf dem Sockel steht Kant – aber noch ist er in Plastikfolie mit breitem Klebestreifen verpackt. Marion ist erleichtert, das Denkmal dort zu sehen. Erst jetzt verrät sie, dass bis zuletzt ungewiss war, ob das Kunstwerk wirklich rechtzeitig fertig werden würde.

Am Abend unternehmen Marion und ich einen Spaziergang durch die leeren Straßen Kaliningrads.

Es ist ein wunderbarer lauer Sommerabend. Das ehemalige Königsberg ist neben Friedrichstein und der umgebenden Landschaft auch ein Teil von Marions Heimat gewesen. Im Krieg wurde die Stadt zerstört, nur sechs Prozent der früheren Häuser sind erhalten. »Erinnert dich hier irgendetwas an das alte Königsberg?«, frage ich.

»So gut wie gar nichts«, antwortet sie. »Es kommt mir vor wie ein Bild, das man übermalt hat.«

Dann kommt sie noch mal auf den Sommer 1989 zu sprechen, als sie mit Hermann in der Ente und Kant auf dem Rücksitz nach Kaliningrad gefahren ist. Sie, die seit ihrer Flucht vor vielen Jahrzehnten nie wieder hier gewesen war, hatte sich fest vorgenommen, auf keinen Fall nach Friedrichstein zu fahren. Sie wollte nie wieder an diesen Ort zurück. Die russischen Gastgeber hatten aber genau das eingeplant: einen feierlichen Besuch in Kamenka. Es wäre sicherlich verständlich, aber unhöflich, wenn man das absagte, meinte Marion. Sie sagte sich: »Es ist nur Feigheit, wenn ich nicht hinfahre.« Sie fuhr also doch, und tatsächlich war es ein Schock. Von dem Schloss, das 1709–1714 gebaut worden war, war nichts übrig, nicht mal ein Schutthaufen. Nur einige Gebäude des tiefer gelegenen Gutshofs standen verwahrlost in der Landschaft. Marion erzählt: »Ich habe mir gesagt: Das ist nicht meine Realität. Meine Realität sind die Erinnerungen.«

Das ist drei Jahre her, und nun ist Marion wieder in Kaliningrad, und wieder ist die Heimat nur wenige Kilometer entfernt. An einer Straßenecke bleiben wir stehen, und Marion macht einen überraschenden Vorschlag: »Wir könnten morgen auf dem Weg zur Kurischen Nehrung einen Abstecher nach Friedrichstein machen... Wenn dich das interessiert.«

»Natürlich interessiert mich das! Aber macht es dir denn nichts aus?«

»Ich fände es schön, wenn wir uns das einmal zusammen ansähen.«

Am nächsten Morgen stehen Jurij, Aleksej und Haug pünktlich um acht mit dem Auto vor dem Gästehaus. Die beiden jungen Russen haben eine Straßenkarte mitgebracht, die leider nicht sehr genau ist. Marion versucht ihnen zu erklären, wie man nach Löwenhagen kommt, dem nächsten Ort bei Friedrichstein. Zusammen beugen sie sich über den Plan. Aleksej kennt nur die große Straße, die in die Nähe führt. »Von den Dörfern aus kenne ich den Weg«, sagt Marion.

Marion und ich sitzen nebeneinander auf der Rückbank. So oft habe ich von diesem Ort gehört, habe über ihn gelesen, bin auf ihn angesprochen worden, und nun fahre ich zusammen mit meiner Großtante tatsächlich durch die weite ostpreußische Landschaft Richtung Friedrichstein – träume ich das alles?

Am Rande eines Dorfes stehen zwei Störche in einem großen Nest hoch oben in einer Baumkrone. Wir sind in Löwenhagen angekommen. Marion beugt sich noch einmal zum Fahrer vor: *»And now we go left.«* Wir biegen ab, fahren ein Stück über eine kleine, staubige Straße. Und auf einmal liegt sie vor uns: die mächtige Allee aus vierhundert Jahre alten Linden, die früher zum Schloss führte. Ich kenne sie von dem goldgerahmten Schwarzweißfoto, das auf Marions Schreibtisch in Blankenese steht. Auch wurde es schon in einem von Marions Erinnerungsbüchern über Ostpreußen abgedruckt. Das Bild ist wie ein Synonym für eine untergegangene Welt. Jetzt aber flirren hellgrüne Blätter in einem leichten Wind, Sonnenlicht bricht durch das Laub der uralten Bäume, das Schwarzweißfoto ist lebendig geworden.

Das Auto hält an einem See. Auch er ist auf zahlreichen alten Fotos zu sehen, der See vor dem Schloss. Und da, wo das Bauwerk gestanden hat, ist jetzt eine freie Fläche von etwa hundertzwanzig mal sechzig Metern. Es ist, als hätte jemand das gewaltige Gebäude einfach weggezaubert. Obwohl der Anblick für Marion nicht mehr neu ist, wirkt sie doch für einen Moment ungläubig staunend.

Wir steigen aus. Das Wasser plätschert leise ans Ufer, von einem Nachbarhof ertönen Motorengeräusche. Wir gehen zum früheren Schlosspark. Er ist inzwischen verwildert, aber seine ursprünglichen Konturen sind noch erkennbar. Marion betrachtet lange die hohen Bäume, auf die sie als kleines Mädchen geklettert ist. Eine Weile stehen wir einfach nur da, ohne zu sprechen. Dann spazieren wir über das Gelände zu den verwitterten Gebäuden des Gutshofs. Hoch oben an einem der Häuser, der alten Brauerei, hängt ein kleiner Holzkasten, der früher einmal zum Schutz einer Glocke angebracht wurde. Die Glocke ist längst weg. Marion schüttelt den Kopf: »Es ist doch wirklich absurd: Ein großes steinernes Schloss verschwindet spurlos, und so ein nutzloser alter Holzkasten bleibt erhalten.«

Von Friedrichstein fahren wir in Richtung Kurische Nehrung, einer Landzunge an der Ostsee. Aleksej steuert den Wagen. Während einer Rast spricht Marion ihn auf sein Auto an, das unterwegs einige bedenkliche Laute von sich gegeben hat. Er zeigt sich ratlos und ist dann ziemlich verblüfft, als die alte Dame ihm fachkundig erklärt, woher die Geräusche im Motor stammen könnten. Aber Autos sind von früh an eine von Marions Leidenschaften gewesen. Auf der Weiterfahrt erzählt sie, dass sie beim Chauffeur in Friedrichstein nicht nur das Fahren gelernt habe, sondern auch, ihr Auto selbst zu reparieren. Das war vor allem wichtig, als sie mit ihrer Schwester Yvonne im offenen Cabrio zahlreiche Länder bereiste, zu einer Zeit, als es noch keine Autobahnen gab, viele Straßen holprige, löchrige Sandwege waren. Tausende Kilometer auf solchen Straßen, da ging fast täglich irgendetwas am Auto kaputt.

Als wir die Kurische Nehrung erreichen, müssen wir, um zum Meer zu gelangen, zunächst durch ein Waldgebiet wandern und schließlich durch Gestrüpp klettern. Es ist ein zugleich komischer wie auch selbstverständlicher Anblick, wie sich meine Großtante in ihrem dezenten, beigen Kostüm durch die Zweige arbeitet. Jemand will ihr die Hand reichen, aber sie sagt: »Nein, nein, es geht gut.« Es geht auch gut. Man spürt ihre tiefe Vertrautheit mit dieser Natur, durch die sie als junge Reiterin so oft gestreift ist. Dass sie inzwischen ein alter Mensch geworden ist, spielt keine Rolle, Marion bewegt sich hier – wie auf der gesamten Reise durch das ehemalige Ostpreußen – so selbstverständlich und ungehemmt, wie man es zu Hause eben tut.

Kurz darauf stehen wir auf einer Anhöhe, von

der aus man über die Ostsee blicken kann. Weit und breit nur unberührte Natur. Wir klettern die Böschung hinunter zum Strand, gehen eine Weile am Wasser entlang, finden einen schönen Platz im Gras für das Picknick. Marion erzählt von ihren langen Streifzügen durch diese Gegend. Für sie gehören die oft tagelangen Ritte zu den schönsten Erinnerungen an ihr früheres Leben.

Jetzt zieht sie ein Foto aus ihrem Portemonnaie. Ein Pferd ist darauf zu sehen. Etwas so Persönliches gibt sie selten preis, und wenn, dann hält sie es knapp: »Das ist Alarich«, sagt sie nur. Ihr Lieblingspferd, auf dem sie damals in den Westen geflüchtet ist.

»Sind Sie denn später im Westen auch noch viel geritten?«, fragt Aleksej.

»Nein, ich bin nie wieder auf ein Pferd gestiegen.«

»Warum nicht?«

»Ach …« Marion schiebt das Foto wieder ins Portemonnaie zurück und klappt es zu. »Das war dann einfach vorbei.«


Am nächsten Morgen gehen Marion und Jurij beim Frühstück im Gästehaus die Rede durch, die sie später bei der Einweihung des Denkmals halten wird. Er soll sie für die russischen Zuhörer übersetzen.

Im Nachbarraum baut ein russisches Fernsehteam seine Geräte auf. »Wir wären so weit«, erklärt schließlich der Journalist. Marion platziert sich für ein Interview – nein, schminken und pudern will sie nicht, das ist doch nicht nötig, und fremde Hände hat sie auch ungern im Gesicht – sie spricht ein paar Minuten über Kant und Königsberg, ganz knapp über ihre Gefühle bei der Rückkehr ins Heimatland und schildert dann wieder ausführlicher ihre Freude über die Gastfreundschaft der Russen.

Auf dem Vorplatz haben sich schon mehrere hundert Gäste eingefunden: Studenten und Professoren der Universität, Journalisten und viele Kaliningrader Bürger. Das in feinen Stoff gehüllte Denkmal ragt in den blauen Himmel. Aus zwei Lautsprechern ertönt klassische Musik. Vor dem Denkmal stehen zwei Mikrofone. Es herrscht eine erwartungsvolle, fröhliche Atmosphäre.

Ihre Rede beginnt Marion mit den Worten: »Meine Damen und Herren, oder lassen Sie mich besser sagen: liebe Freunde, denn ich denke, wir, die wir uns hier versammelt haben, sind alle Verehrer des großen Mannes, der nun wieder in seine Heimat zurückgekehrt ist.« Sie nickt Jurij, der neben ihr steht, zu. Er übersetzt. Marion schaut während der Rede nur selten auf ihre Notizen, sie hat sie im Kopf. »Immanuel Kant liebte seine Vaterstadt Königsberg, aber er war nie ein Nationalist, sondern immer sehr bewusst ein weltoffener, der Aufklärung zugetaner Mensch, ein Weltbürger. Darum ist er auch für uns heute – für uns Deutsche und für euch Russen – ein so versöhnendes Bindeglied.« Es folgt die Geschichte des verschwundenen Denkmals und des Plans, ein neues erschaffen zu lassen mit Hilfe des Spendenaufrufs in der *Zeit*. »Es zeigte sich, dass viele Deutsche bereit waren, um der Versöhnung willen dafür zu sorgen, dass wieder ein Kant-Denkmal nach Königsberg kommt – auch wenn diese Stadt jetzt Kaliningrad heißt und die meisten Spender glaubten, dass sie nie dorthin würden reisen können, denn damals war dieses Gebiet noch militärische Sperrzone.«

Am Ende ihrer Rede sagt sie: »Für jemanden, der hier geboren wurde und dessen Väter und Urväter hier begraben worden sind, wäre es schmerzlich, dies alles unter so veränderten Umständen wiederzusehen, wenn es nicht so viele tröstliche Zeichen dafür gäbe, dass die Russen mit großem Verständnis bemüht sind, was an alter Kultur übriggeblieben ist, liebevoll zu pflegen. Ich denke wirklich, der höchste Grad der Liebe ist zu lieben, ohne zu besitzen. Und ich denke ferner, dass dieser Teil Ostpreußens, der sich im Besitz Russlands befindet und der während vier Jahrzehnten als ein Sondergebiet behandelt worden ist, sich sehr gut eignet als europäisches Modell – also als Modell für ein Zusammenwachsen von Ost- und Westeuropa. Wenn ich hier heute einen Wunsch ausdrücken dürfte, so würde dieser lauten: Lasst uns nicht vergessen, dass wir alle Europäer sind.« Nachdem Jurij den letzten Satz der Rede übersetzt hat, gibt es großen Applaus.

Es folgen eine kleine Zeremonie und wieder etwas klassische Musik. In einer kleinen Prozession nähern sich die Repräsentanten der Universität in ihren traditionellen Talaren dem verhüllten Denkmal. Ein Mann hebt ein Kind auf seine Schultern und gibt ihm eine Schnur in die Hand. Das Kind zieht, der Stoff löst sich und fällt herab. Das Denkmal ist enthüllt.

Die Feierlichkeiten mit einem Festessen ziehen sich bis spät in den Nachmittag hinein. Am Abend fliegen wir erschöpft nach Hamburg zurück. Über ihr Engagement für die Wiederaufstellung des Kant-Denkmals sagt Marion später manchmal: »Das war die wichtigste Tat in meinem Leben.«

## Zeit des Rückblicks

Es ist ein früher Morgen im Februar 1994, knapp zwei Jahre nach unserer Ostpreußenreise, ich bin zu Fuß auf dem Weg zur Uni und bleibe plötzlich stehen. Was habe ich vergessen? Ich komme nicht drauf. Ich drehe um, gehe zurück, denn es wird mir unterwegs sicherlich wieder einfallen. Schon im Treppenhaus höre ich mein Telefon klingeln. Wer ruft denn schon so früh an? Marion kann es nicht sein, sie befindet sich in New York, wo sie den neunzigsten Geburtstag ihres Freundes George Kennan feiert und ansonsten noch ein beträchtliches Programm in den USA zu absolvieren hat. Die Wohnungstür ist schnell aufgeschlossen, mit ein paar großen Schritten bin ich am Apparat. Die Begrüßung ist gewohnt knapp. »Ich bin auf dem Rückweg und schon am Flughafen Frankfurt«, sagt Marion, »hast du heute Abend vielleicht etwas Zeit für mich?«

Dass Marion eine größere Reise vorzeitig abbricht, ist noch nie vorgekommen. Was ist passiert?

Auf Nachfragen weicht sie aus. Es ist beunruhigend. Wir verabreden uns für den Abend bei ihr zu Hause in Blankenese.

Haushälterin Frau Ellermann, die ebenfalls mit einer längeren Reise gerechnet hat, ist selber noch verreist. Das Haus ist kalt. Marion hat aus der Stadt – sie ist vom Flughafen zunächst ins Büro gefahren – kleine Köstlichkeiten mitgebracht, Salate, die sie manchmal in der Feinkostabteilung von Karstadt einkauft. Als Erstes werden die Heizungen aufgedreht und die Jalousien zum winterlichen Garten hochgefahren. Noch hat Marion den Grund für ihre überraschende Rückkehr nicht verraten. Sie wirkt weder besorgt noch beunruhigt, eigentlich ist sie völlig normal. Während sie oben ihren Koffer auspackt, decke ich im Salon den Tisch. Beim Essen sagt sie: »Ich wollte gern mit dir, wenn du Lust dazu hast, das Manuskript für mein neues Buch durchgehen.«

Es ist also fertig – das Buch über den 20. Juli 1944. Genauer: über sechs Freunde, die an dem Attentat auf Hitler beteiligt waren und hingerichtet wurden. Marion hat seit mehreren Monaten an dem Buch geschrieben, es war klar, dass es ein persönliches Werk werden würde. Der Tag des Attentats jährt sich dieses Jahr zum fünfzigsten Mal. Seit 1946 hat Marion ausnahmslos in jedem Sommer in einem Artikel für die *Zeit* an den Jahrestag erinnert. Ihre Nähe zu den Widerstandskreisen hat sie dabei nie erwähnt. Wenn man nach dem Grund fragte, sagte sie, sie habe in den Nazijahren einfach nur das getan, was sie habe tun müssen, und habe das später nicht herausstellen wollen.

Nach dem Essen räumen wir das Geschirr in die Küche. Ich biete an, abzuwaschen, während Marion sich um das Feuer im Kamin kümmert. Als ich ins Wohnzimmer zurückkomme, sitzt sie auf der vorderen Kante ihres Lesesessels und stochert mit einer dünnen Eisenstange im Feuer. Auf dem Glastisch liegt das 200-seitige Manuskript in einer Plastikfolie.

Ich setze mich auf das Sofa, Marion gegenüber, während sie das Manuskript aus der Hülle befreit. »Wie wollen wir es machen?«, fragt sie. »Willst du einen Teil lesen und ich einen anderen, und dann tauschen wir?«

»Können wir so machen.«

Sie zögert. »Oder willst du vorlesen?«

»Wenn du gern möchtest, dass ich vorlese, mache ich das gerne.«

»Ja, ich fände das ganz schön.«

Die Wärme des Feuers breitet sich aus, es knistert. Marion lehnt sich in ihrem Sessel zurück. Ich lese das Vorwort: eine knappe Zusammenfassung der Vorgeschichte, die zur Verschwörung vom 20. Juli führte. Wir entscheiden, drei von den sechs Portraits zu lesen. Besonders bewegt mich das Kapitel über Fritzi Schulenburg. Er hat die damals vierunddreißigjährige Marion wenige Wochen vor dem Attentat in Ostpreußen aufgesucht, wo sie eine »lange Nacht vor dem Kamin« verbrachten. Marion rauchte dabei eine elegante Dunhill-Pfeife mit überlangem Mundstück. Das faszinierte Schulenburg. Marion gab ihm die Pfeife als Talisman mit auf den Weg nach Berlin. Nach dem misslungenen Attentat erzählte jemand, der Schulenburg kurz vor seiner Hinrichtung in der Zelle besucht hatte: »Er spielte die ganze Zeit mit einer merkwürdigen überlangen Pfeife, von der er sich nicht trennen mochte.«

Im Kamin ist nur noch Glut. Wir sprechen über den geplanten Titel für das neue Buch. Marion hat zwei Favoriten. »Dem Abgrund entgegen« ist der eine. Sie erklärt: »Das erfasst genau die Stimmung damals, im ganzen Land und bei den Freunden und eigentlich auch in einem selbst.« Der Verleger Jobst Siedler bevorzugt aber ihren zweiten Vorschlag: »Um der Ehre willen«, weil der weniger negativ klinge. Marion sieht das ein. Der Untertitel soll in jedem Fall lauten: »Erinnerungen an die Freunde vom 20. Juli«.

Marion ist den Rest des Abends auffallend gelöst. Aber wegen des Manuskripts, das wir auch in einer Woche noch hätten lesen können, hat sie ihre USA-Reise wohl kaum abgebrochen. Beim Abschied an der Haustür ist Marion plötzlich angespannt.

»Lass uns morgen telefonieren«, sage ich.

»Die nächsten drei Tage stehe ich nicht zur Verfügung.«

Ihr Blick erklärt unmissverständlich, dass jede Nachfrage jetzt unpassend wäre.

Auf der Rückfahrt durch das nächtliche Hamburg verstärkt sich mit jeder Minute ein ungutes Gefühl.

Am nächsten Morgen rinnt der Regen an den Fensterscheiben des Hörsaals herunter. Der Professor der Neueren Geschichte holt weit aus, spricht über das Deutschland vom Anfang der dreißiger Jahre. Komisch, just in den Zeiten war Marion Studentin, in Frankfurt und Basel, in hochpolitischen, gefährlichen Zeiten. Ich blicke mich im Hörsaal um: Obwohl der Professor ein guter Vermittler ist, sind etliche Studenten mit anderem beschäftigt, sie lesen in Zeitungen und Magazinen, schreiben Briefe, schauen wehmütig zum Fenster. Auch mir fällt die Konzentration schwer; das Gefühl von Bedrohung, das seit Marions gestrigem Anruf in mir zirkuliert, ist bedrückend.

Als ich gegen Mittag erschöpft nach Hause komme, fällt sofort das rote Blinken des Anrufbeantworters auf. Ich drücke die Starttaste. Niemand spricht. Nur Hintergrundgeräusche. Klingt wie Vogelgezwitscher. Dann spricht doch jemand. Es ist Marion. Unvermittelt sagt sie: »Wenn du willst, kannst du mich anrufen, ich bin den ganzen Tag zu erreichen unter der Nummer… Moment, wo ist sie denn… Ich ruf gleich noch mal an.«

Aber es folgt kein weiterer Anruf von ihr. Mir ist sofort klar, wo sie ist. Denn wo sonst könnte sie den ganzen Tag unter einer Nummer erreichbar sein, die sie aber nicht auswendig kennt, wenn nicht im Krankenhaus?

Ich rufe in ihrem Büro an. Irene Brauer ist dran: »Ja, die Gräfin musste ihre Reise abbrechen, weil sie starke Schmerzen hatte. Der Arzt hat gesagt, dass sie sofort operiert werden müsse.« Dies sei geschehen, es sei gutgegangen, aber man müsse noch abwarten. Keiner wisse etwas davon.

Am späten Nachmittag meldet Marion sich doch noch. Sie sei im Krankenhaus, sagt sie knapp. Ich schlage vor, sie gleich zu besuchen, aber sie ist müde und bittet mich, erst am nächsten Tag zu kommen. Na gut.

Früh am nächsten Morgen klingelt das Telefon. Es ist Marion, und zwar mit überraschend guter

Laune. Wir verabreden den Besuch, und schon eine Stunde später bin ich bei ihr.

»Wie geht's dir?«, ist das Erste, was sie fragt.

»Gut«, antworte ich etwas verblüfft. »Und wie geht es dir?«

»Ganz okay. Der Arzt hat den Krebs weggemacht, ich denke, ich kann bald schon wieder nach Hause.«

Ich habe inzwischen in Erfahrung gebracht, dass es sich um Lymphdrüsenkrebs handelte. Mit Marion über Genaueres zu sprechen macht allerdings keinen Sinn, sie will das alles nicht so genau wissen. Das ist typisch. Krankheiten solle man einfach ignorieren, sagt sie oft. Hier im Krankenhauszimmer erscheint diese Einstellung aber merkwürdig.

»Kannst du mir einen Gefallen tun?«, fragt sie. »Holst du mir von zu Hause Musik und meinen Bademantel, den türkisfarbenen?« Türkis ist ihre Lieblingsfarbe.

Am Nachmittag sitze ich wieder bei ihr. Sie trägt im Bett den Bademantel und probiert den CD-Player aus: klassische Musik und Loriot, den sie liebt. Man hat ihr einen Fernseher ins Zimmer gestellt.

»Ist ein sehr guter Service hier«, freut sich Marion.

Wir zappen durch die Programme.

»Was möchtest du denn sehen?«, frage ich.

»Das Eishockeyspiel auf dem Sportkanal fände ich jetzt ganz schön.«

Die nächste Stunde schauen wir dem Spiel zu. Marion wirkt richtig gefesselt von dem dynamischen Treiben auf dem Eis.

»Hat der Arzt gesagt, wie lange du im Krankenhaus bleiben musst?«, frage ich irgendwann.

»Er meint, ich müsse ein paar Wochen ruhen, aber ich habe ihm gesagt, dazu hätte ich keine Zeit.«

In den folgenden Tagen erholt sich Marion gut. Am siebten Tag ruft sie an und verkündet mit stolzer Stimme: »Morgen kann ich wieder nach Hause!«

Die Bedingung, die der Arzt gestellt hat, ist, dass sie zu Hause noch zwei, drei Wochen ausruht. Das gefällt Marion eigentlich nicht, aber sie will folgsam sein. Entscheidend ist, dass sie wieder etwas »Vernünftiges leisten« kann.

Wieder zu Hause, holt sie sich gleich das Manuskript von »Um der Ehre willen« ans Bett, um letzte Korrekturen vorzunehmen. Frau Brauer kommt nun regelmäßig aus dem Büro, um die Post durchzugehen, es werden einige Briefe diktiert, kleinere Entscheidungen getroffen.

Marion schont sich tatsächlich. Sie bleibt die meiste Zeit im Bett, und überraschend scheint es ihr sogar Freude zu machen. In dieser Zeit erlebe ich mit ihr etwas ganz Neues: Telefongespräche, die von ihr nicht auf ein Minimum verkürzt werden. Während sie sonst ohne Begrüßung nur knapp über irgendetwas informierte oder eine gezielte Frage stellte und oft ohne ein Abschiedswort auflegte, scheint Marion nun das entspannte Plaudern sogar zu genießen.

Inzwischen hat sich die geheime OP im Freundeskreis herumgesprochen. Henry Kissinger, der gerade in Paris weilt, kommt eigens nach Hamburg, um mit Marion am Pumpenkamp zu frühstücken. Am nächsten Tag noch ist sie von der Geste ihres alten Freundes gerührt.

»Seit wann kennt ihr euch eigentlich?«, frage ich.

Marion erzählt: »Ich habe Henry in den fünfziger Jahren in New York kennengelernt, damals war er noch ein ganz junger Professor in Harvard. Ich hab ihm gesagt, ich würde mich freuen, ihn wiederzusehen, wenn er mal in Deutschland sei. Und nur zwei Wochen später klingelte das Telefon: ›So, jetzt bin ich da.‹ Er war in Bonn. Ich bin dann hingereist und wollte ihn zum Essen einladen. Nach dem Essen will ich bezahlen und stelle fest, mein Gott, ich habe meine Tasche vergessen. Er hat gelacht und gesagt: ›Den Trick merke ich mir!‹ Das ist sehr typisch für ihn. Er ist wirklich ein treuer Freund.«

Das ist die Gelegenheit für eine bestimmte

Frage: »Marion, was macht für dich eigentlich Freundschaft aus?«

Bevor sie antwortet, überlegt sie einen Moment. »Das ist eben mehr als nur Kopf und Herz.«

Die Operation liegt inzwischen zwei Wochen zurück, und Marion will, entgegen dem Rat ihres Arztes, unbedingt ins Büro. Sie will einen vor langer Zeit zugesagten Termin unter allen Umständen wahrnehmen: ein Fernsehinterview zum Kinofilm *Schindlers Liste,* der sie sehr berührt hat.

Ich hole sie in Blankenese ab, um sie in die Redaktion zu fahren. Marion trägt das blaue Kostüm, das sie für feierliche Gelegenheiten nutzt. Weil sie noch immer etwas wacklig auf den Beinen und es draußen glatt ist, hat sie dazu ihre geliebten uralten halbhohen Winterstiefel mit Kreppsohle angezogen. Die Kombination mit dem feinen Kostüm wirkt fast komisch.

»Ich nehme an, dass die Kamera wohl eher mein Gesicht filmen wird«, sagt Marion.

Unterwegs sprechen wir über den Film. Marion sagt: »Ich hätte mir nicht vorstellen können, dass man die tiefen Dimensionen, die dieses Thema verlangt, in einem Film darstellen kann. Ich finde, das ist in einer Weise gelungen, die phänomenal ist. Diesen Film müsste eigentlich jeder Schüler sehen.«

Im Pressehaus bringe ich Marion bis zum Aufzug. Sie steigt ein, drückt den Knopf und sagt: »Addio, bis bald!«

Die Aufzugtür bleibt offen. Marion muss lachen. Sie drückt den Knopf noch einmal.

»Hoffentlich geht die Tür jetzt zu«, sage ich.

»Ah, dir wäre es wohl lieber, wenn ich schnell verschwände...«

Als sich die Tür schließt, sehe ich, wie Marion lachend den Kopf nach hinten wirft.

# Reise nach Masuren

Marion hat sich schnell von der Operation erholt und ihren gewohnten Alltag wiederaufgenommen. Irgendwann sagt sie so nebenbei: »Ich bin eigentlich nie krank. Ich kann mich gar nicht erinnern, wann ich das letzte Mal in einem Krankenhaus gewesen bin.«

»Aber das ist doch erst vier Monate her«, sage ich.

»Ach! Das hatte ich schon fast wieder vergessen.«

Tatsächlich wirkt sie frisch und kräftig, als sei sie nie krank gewesen.

1995 unternehmen wir unsere zweite Reise ins ehemalige Ostpreußen. Dieses Mal geht es auf die polnische Seite, nach Masuren. Hier liegt auch der kleine Ort Mikolajki, das frühere Nikolaiken. Der Anlass unserer Reise ist die Umbenennung einer polnischen Schule.

Die feierliche Zeremonie findet in der Aula statt. Im Publikum sitzen die festlich gekleideten Abiturienten, die an diesem Tag auch ihre Zeugnisse erhalten, sowie Eltern, Lehrer und einige Gäste aus

Deutschland. Durch die Veranstaltung führt ein Junge in polnischer und ein Mädchen in deutscher Sprache. Marion hat in der ersten Reihe Platz genommen, zwischen Bürgermeister und Schulleiterin. Nach etwas Musik ergreift der Bürgermeister auf der Bühne das Wort: »Heute geschehen hier in Mikolajki zwei unerhörte Dinge: Eine Preußin deutscher Staatsangehörigkeit verleiht persönlich einer polnischen Schule ihren Namen, und eine Schule einer Nation, die als eine der patriotischsten Europas gilt, bietet einer Angehörigen des Staates, unter welchem sie noch vor einem halben Jahrhundert schwerste Leiden erdulden musste, an, ihren Namen zu tragen.« Der Redner erzählt, dass den Schülern besonders ein Gedanke aus Marions Büchern in Erinnerung geblieben sei: »Lieben, ohne zu besitzen«. Am Ende richtet er sich direkt an Marion, die sehr gerade auf ihrem Platz sitzt, mit übereinandergeschlagenen Beinen und verschränkten Armen. »Wir wissen, dass Ihr Herz immer diesem Land gehört hat. Vielleicht können wir ein kleines Stück Liebe zurückgeben. Ab heute heißt unsere Schule: Lyzeum Marion Dönhoff.«

Marion wird auf die Bühne gebeten, wo ihr ein Schüler die Urkunde überreicht. Der Junge sagt: »Wir hoffen, dass Sie sich immer an diesen Tag erinnern werden.«

Marion bedankt sich bei ihm, nimmt das Mikrofon in die Hand und spricht zum Publikum: »Natürlich bin ich stolz auf diese persönliche Ehrung. Aber vielleicht noch wichtiger ist mir diese Entscheidung als ein Zeichen der Versöhnung zwischen Polen und Deutschen – ich denke, vor ein paar Jahren wäre dies noch nicht möglich gewesen.«

Dann wendet sie sich den Abiturienten zu: »Liebe Freunde, ich frage mich, was ich Ihnen, die Sie heute die Schule verlassen, mit auf den Lebensweg geben kann. Mein Leben hat sich in einem an Katastrophen reichen Jahrhundert abgespielt, wie es sich sicherlich nicht wiederholen wird: zwei Weltkriege, der Holocaust, Hitler und Stalin. Sie werden es im neuen Jahrhundert besser haben.«

Ein polnischer Schüler übersetzt, dann spricht Marion weiter: »Aber es wird auch von Ihnen abhängen, wie sich die Umstände gestalten. Denn die Umstände – positiv oder negativ, Glück oder Unheil – fallen nicht zufällig vom Himmel, sondern sind meist eine Reaktion auf die Taten der Bürger und deren geistiger Einstellung. Insofern trägt jeder Einzelne von uns eine große Verantwortung. Wir dürfen also nicht meinen, dass es genüge, wenn jeder für sich selbst sorgt, weil ja der Staat für das Ganze aufkommen muss – nein, wir alle sind für das Ganze verantwortlich. Vielleicht werden Sie fragen, was mir als geistige Einstellung für die Zukunft am wichtigsten erscheint. Ich denke, Sie müssen vor allem versuchen, tolerant zu sein. Gewiss, man könnte eine lange Liste erstellen, aber wie lang sie auch sein mag, Toleranz muss auf jeden Fall ganz oben stehen, denn wer wirklich tolerant ist, der wird nicht in Hass verfallen und darum auch nicht versucht sein, Gewalt auszuüben. Er wird die Meinung des anderen respektieren, auch wenn sie seiner eigenen widerspricht, er wird den Ausländer und den ethnisch anderen nicht diskriminieren, und er wird – und das ist sehr wichtig – keine neuen Feindbilder erfinden, mit denen der Gegner verunglimpft wird.« Marion beendet ihre Rede mit den Worten: »Liebe Freunde, wenn es Ihnen gelingt, wirklich tolerant zu sein, dann haben Sie viel für Ihr Vaterland geleistet.«

Marion verlässt die Bühne und nimmt ihren Platz wieder ein. Dort oben, wo sie eben gesprochen hat, steht nun eine Schülerin in einem weißen Kleid. In der Hand hält sie ein aufgeschlagenes Buch. Es ist *Kindheit in Ostpreußen*, das Marion in Erinnerung an ihre Heimat geschrieben hat. Mit nur leichtem Akzent liest das polnische Mädchen das Kapitel »Im Rhythmus der Jahreszeiten«, ein wehmütiger Bericht über Natur und Landschaft rund um Friedrichstein.

Ich schaue kurz zu Marion hinüber. Ihr Gesichtsausdruck ist konzentriert und gerührt.

Zum Schluss wird sie dann noch einmal auf die Bühne gebeten. Sie übergibt den Schülern ihre Abiturzeugnisse, jeweils mit einem Händedruck und einem ermunternden Lächeln. Junge Menschen hat Marion immer sehr ernst genommen.

Nach der feierlichen Umbenennung findet am Nachmittag zusammen mit allen Abiturienten eine Bootsfahrt auf dem Spirdingsee statt. Marion unterhält sich mit den Abgängern. Sie will wissen, was sie vorhaben, was ihnen wichtig ist, welche Sorgen sie plagen.

In den folgenden Jahren wird sie in jedem Mai an das Lyzeum Marion Dönhoff kommen, an den Abiturfeiern teilnehmen und die Zeugnisse übergeben.

Am Tag nach den Feierlichkeiten steht am Morgen ein besonderer Ausflug auf dem Programm. Wir steigen in eine offene Kutsche ein. Uns gegenüber sitzt der Förster, der die Fahrt organisiert hat. Wir machen eine Rundfahrt durch die masurischen Wälder. Zwei Pferde traben vorneweg, und wir schaukeln rasant über unebene Sandstraßen in den Wald hinein. Kleine Äste streifen uns von rechts und links. Wenn sich etwas Größeres nähert, warnt der

Kutscher, und wir ducken uns. Marion muss lachen: »Das ist ja wie Achterbahn fahren!«

Auf einmal gibt der Förster dem Kutscher ein Signal, worauf dieser nach rechts abbiegt. Wenige Minuten später stoppt er die Pferde. Der Förster will uns etwas Besonderes zeigen. Wir steigen aus, müssen ein paar Schritte gehen. Nach einer langen Kurve steht sie vor uns, und Marion bleibt fasziniert stehen: eine fünfhundert Jahre alte, riesengroße Eiche.

Um uns den Umfang des Baumes zu verdeutlichen, schlägt der Förster vor, uns an den Händen zu fassen und zu versuchen, zu viert eine Kette um den Baum herum zu bilden. Und tatsächlich: Es reicht nicht.

Danach schaukeln wir wieder hinaus aus dem Wald. Weiße Wolken hängen tief über den weiten, von blauen Kornblumen übersäten Feldern. Es gibt krumme Wege und krumme Zäune, alles sieht noch so aus wie früher, als die junge Marion durch diese Gegend geritten ist.

Doch nun ist sie eine beschäftigte Journalistin, die in Hamburg Termine hat. Wir müssen uns am Nachmittag in Mikolajki verabschieden, um in Warschau das letzte Flugzeug zu bekommen.

# Reise in den Schnee

Marion hat zweitausend Artikel, Glossen und Reportagen geschrieben. Seit 1946 ist über fünfzig Jahre lang in jeder zweiten Ausgabe der *Zeit* ein Text von ihr erschienen. Das hat ihren Namen bekannt gemacht. Hinzu kamen Auftritte in politischen Fernsehsendungen, Stellungnahmen in politischen Dokumentationen. Anlässlich historischer Jahrestage ist sie oft als Zeitzeugin gefragt, was ihr zunehmend auf die Nerven geht.

Ihre eigene Person ist allerdings selten Gegenstand der Berichterstattung in den deutschen Medien. Nie hat sie eine Homestory mitgemacht, Talkshows so konsequent vermieden, dass sie kaum mehr gefragt wird. »Ich spreche nicht so gerne über mich«, sagt sie. »Ich finde es auch nicht so wichtig.«

Aber eines Tages prangt ihr Portrait plötzlich auf den Titelseiten der Hamburger Zeitungen, und manch einer glaubt zunächst, dass Gräfin Dönhoff gestorben sei. Was ist geschehen?

Am Vortag ist Marion sehr früh aufgestanden, weil sie einen Flug nehmen musste – als Präsidentin des Polen-Instituts hatte sie zu einer Konferenz in Darmstadt geladen. Bei einem kurzen, von Frau Ellermann bereiteten Frühstück wurden die Unterlagen noch einmal gesichtet, dann war es höchste Zeit, zum Flughafen zu fahren.

Marion steuerte ihr Auto wie jeden Tag rückwärts aus der Garage hinaus auf die gepflasterte Straße. Beim Wenden streifte sie ein parkendes Auto. Sie stieg aus, sah sich den Schaden an dem anderen Wagen an: eine Delle in der Beifahrertür. Sie schrieb eine Entschuldigung auf die Rückseite ihrer Visitenkarte und bat den Besitzer, er möge sich bei ihr melden, damit sie für die Reparatur des Schadens aufkommen könne. Die Karte steckte sie unter den Scheibenwischer.

Kaum hatte sie den Motor ihres Auto gestartet, da eilte ein Passant, der das Geschehen offenbar beobachtet hatte, über die Straße. Er wies Marion auf ihre Verpflichtung hin, die Polizei zu rufen.

»Was soll die Polizei denn machen?«, fragte Marion. »Ich habe meine Nummer hinterlassen, der Schaden wird ohnehin behoben. Ich muss dringend zum Flughafen.«

Marion fuhr also los. Unterwegs zum Flughafen hörte sie wie immer Radio: Nachrichten und ein bisschen klassische Musik. Sie dachte an die Konferenz in Darmstadt und hatte den Vorfall schon fast vergessen.

Doch am Flughafen wartete die Polizei. »Guten Morgen, Frau Dönhoff«, sagten die beiden Polizisten, von denen Marion später berichtete, sie seien sehr freundlich gewesen. »Wir müssen Ihnen leider den Führerschein abnehmen…«

»Bitte?«

»Sie sind in Blankenese gegen ein Auto gefahren.«

»Das stimmt.«

»Und sind weggefahren…«

»Ich muss zu einer Konferenz nach Darmstadt. Wenn ich dort nicht erscheine, haben sich viele Menschen ganz umsonst auf den Weg gemacht.«

»Das mag sein, aber Sie müssen nun mit einer Anzeige wegen Fahrerflucht rechnen.«

»Fahrerflucht? So ein Unsinn!«

»Weil Sie am Unfallort hätten warten müssen, bis die Polizei eintrifft.«

»Wenn ich hätte flüchten wollen, hätte ich dem Herrn auf der Straße doch nicht verraten, dass ich zum Flughafen fahren will«, gibt Marion zu bedenken. »Und von Unfall kann gar keine Rede sein, der Besitzer kann ohne Probleme sein Auto fahren. Deswegen bin ich auch nicht auf die Idee gekommen, die Polizei zu verständigen.«

»Das wäre aber Ihre Pflicht gewesen.«

»Kinder, nun hört mal auf mit dem Unsinn, ich muss das Flugzeug bekommen, ich bin spät dran.«

Es half alles nichts. Marion erreichte zwar den Flieger, aber der Führerschein war erst einmal weg. Am nächsten Tag steht es groß in den Zeitungen: »Gräfin Dönhoff – Fahrerflucht!«

Am Nachmittag desselben Tages – Marion ist wieder aus Darmstadt zurückgekehrt – sind mein Bruder Philip, Marion und ich in der Innenstadt in einem Café verabredet. Wir wollen einen beruflichen Erfolg Philips feiern.

Während wir uns unterhalten, sehe ich aus dem Augenwinkel, dass der einzige andere anwesende Gast, ein Mann mittleren Alters, nur zwei Tische weiter, eine Zeitung zur Hand nimmt. Er liest die Überschrift, überfliegt den Artikel über die dramatische Fahrerflucht der Gräfin, und dann schaut er vorsichtig zu uns herüber. Er horcht. Spricht die Frau über die Flucht? Nein, sie erzählt irgendetwas von einem Ausflug an die Ostsee. Er vergleicht die Frau mit dem Fotoportrait in seiner Zeitung. Handelt es sich wirklich um dieselbe Person? Die friedliche Szene am Nachbartisch und den reißerischen Artikel scheint er nicht zusammenzubekommen, denn er schlägt kurz darauf die nächste Seite auf und vertieft sich in einen anderen Bericht.

Beim Abschied, wir stehen noch vor dem Café, stellt sich heraus, dass Marion kein Taxi, sondern den Bus nach Hause nehmen will.

»Aber ist dir das nicht unangenehm, ausgerechnet heute durch die Stadt zu gehen, an der Bushaltestelle zu warten, wenn die Zeitungen von dir und deiner Fahrerflucht berichten?«, fragen wir sie.

»Ach, das ist mir vollkommen wurscht.«

Wir sehen ihr noch hinterher, als sie in ihrem abgewetzten Trenchcoat, die lederne Aktentasche unterm Arm, in der Menge verschwindet.

Marion muss einige Monate auf den Führerschein verzichten, während der Prozess wegen Fahrerflucht vorbereitet wird. Jeden Morgen nimmt sie den Bus in die Stadt, und gegen 18 Uhr steht sie wieder an der Bushaltestelle gegenüber dem Pressehaus. Der *Zeit*-Verlag hat ihr angeboten, einen Fahrer zu stellen, aber das findet sie unnötig. Ich ahne, dass Marion auch deswegen keinen Fahrer in Anspruch nehmen will, weil ihr die Nähe, die zwangsläufig entsteht, wenn man täglich zusammen im Auto fährt, Unbehagen bereitet. Zumindest, wenn der Fahrer für diesen Zweck nicht perfekt geeignet ist.

Zufällig kenne ich jemand, den ich für ideal halte: einen gleichaltrigen Freund, der wie ich studiert und sowohl an politischen als auch kulturellen Themen interessiert ist und gern darüber spricht, der aber – und darauf kommt es an – ebenso gern schweigt und zudem ein feines Sensorium dafür hat, was wann zu tun ist. Ich erzähle Marion von dieser Idee, doch sie winkt gleich ab. Ein paar Tage später kommt sie aber doch auf die Idee zurück. Sie will es wenigstens einmal versuchen. Wir arrangieren also ein Treffen mit dem Studenten in ihrem Haus.

Marion und ich sitzen vor dem Kamin. Tee und Kekse stehen bereit. Wir warten. Marion ist nervös: Die Vorstellung, von einem Fahrer abhängig zu sein, ist ihr unangenehm. Auch der Dackel ist nervös.

Es läutet an der Tür. Ich gehe vor, Marion kommt vorsichtig hinterher. In der Tür steht Peter, der Student, siebenundzwanzig Jahre alt, großgewachsen, blütenweißes Hemd, blaue Augen. Im Bruchteil einer Sekunde ist Marion sicher: Mit dem komme ich gut aus! Sie ist regelrecht erleichtert, bittet den jungen Mann strahlend und charmant herein.

In den folgenden sechs Monaten fahren die beiden regelmäßig die Strecke Blankenese – Hamburg-Zentrum und wieder zurück. »Es ist immer nett«, meint Marion, »am Anfang unterhalten wir uns, und dann wird nicht mehr gesprochen. Man hat nicht das Gefühl, immer etwas sagen zu müssen.«

Um die Weihnachtszeit fragt Marion den Studenten, ob er vor der Fahrt nach Blankenese Lust auf einen kurzen Bummel über den Weihnachtsmarkt vor dem Rathaus hätte. Ja, das hat er. Sie gehen zusammen von Stand zu Stand. Marion schaut sich alles genau an. »Mögen Sie geröstete Mandeln?«, fragt sie ihre Begleitung. Sie kauft eine Tüte.

So gut diese Fahrerlösung funktioniert – Marion ist mit ihren über achtzig Jahren noch weit davon entfernt, auf den Führerschein verzichten zu wollen. Als sie ihren Führerschein wieder zurückbekommt, ist sie mehr als glücklich. Nun verzichtet sie zwar auf längere Autobahnfahrten, fährt aber täglich dreißig Minuten entlang der Elbe zum Büro und abends wieder heim. Hin und wieder kommen Stadtfahrten hinzu, wenn sie Besorgungen zu machen hat oder einen alten Freund besuchen möchte.

Im Januar 1999, in Marions neunzigstem Lebensjahr und fünf Jahre nach ihrer ersten Operation, ist der Krebs wieder zurück. Es ist klar, dass gehandelt werden muss, wenn es auch nicht eilt.

In ihrem Alltag lässt Marion sich von Gedanken an die Krankheit und an einen bevorstehenden Eingriff nur wenig beirren. Sie nimmt Termine wahr, schreibt viel, kümmert sich um ihre Dankesrede für einen Preis, den sie in Wien erhalten soll.

An einem Sonntag sind wir wie üblich um halb

zwei zum Mittagessen verabredet. Es ist ein eiskalter, sonniger Tag, hier und da glitzern gefrorene Pfützen am Straßenrand. Auf dem Weg nach Blankenese mache ich einen Abstecher zur Tankstelle, um einen Kasten Mineralwasser für Marion zu besorgen.

Die späte Mittagssonne strahlt durch den Garten in Marions Wohnzimmer, aus der Küche strömt Essensduft. »War es voll auf den Straßen?«, fragt sie.

»Ging so.« Ich schaue Marion an: kein Zeichen von Krankheit oder Schwäche. Nicht einmal blass ist sie.

»Heute gibt es etwas Besonderes zu essen«, sagt sie gut gelaunt.

Kurz darauf steht ein Kalbsgulasch auf dem Tisch.

Marion erzählt von der Gala im Thalia Theater zu Helmut Schmidts achtzigstem Geburtstag. »Tausend Ehrengäste waren geladen. Kaum jemand, der nicht da war.«

»Und wie war dein Part?«, frage ich, denn Marion hatte neben vielen anderen Rednern ebenfalls einen Auftritt.

»Ich habe nur kurz gesprochen«, erzählt sie. »Ach, das war komisch, als ich wieder auf meinem Platz saß, sah ich, dass ein kleiner zusammengefalteter Zettel durch die Reihe gereicht wurde. Der Richard [Weizsäcker] hatte ihn losgeschickt.

Ich habe ihn geöffnet, und da stand: ›Am komischsten war der Ernst, mit dem du vorgetragen hast.‹«

Auf das Thema Krankheit kommt Marion während unseres Mittagessens nicht zu sprechen. Ich will sie später danach fragen.

»Wir müssen das Kalbsgulasch aufessen, sonst kriege ich das nie wieder«, erklärt Marion. »Ist offenbar aufwendig zuzubereiten. Und du musst die Ellermann heute besonders loben.«

Als Frau Ellermann kommt, um die Schüsseln zu holen, sage ich: »Das Gulasch ist wirklich sehr, sehr gut.«

»Also, Friedrich, das weiß ich doch!«

»Aber ich darf es doch trotzdem sagen?«

»Ja, das dürfen Sie, aber ich weiß ja nun mal, wie man Kalbsgulasch richtig macht. Gibt's hinterher noch einen Kaffee?«

»Ja, was denken Sie denn?«, antwortet Marion fröhlich.

Zum Schluss sind noch zwei Kartoffeln übrig. Marion tut, was sie in solchen Notfällen öfter macht: Sie wirft die Kartoffeln auf die Terrasse neben das Vogelbecken, wo sich Vögel oder das Eichhörnchen freudig darüber hermachen.

»Also, wie ist denn die Planung für heute Nachmittag?«, fragt Marion. »Kino oder Ausstellung?«

Ich schlage etwas anderes vor. Es ist doch so

schönes Wetter, ob wir da nicht lieber an der Elbe spazieren wollen?

Die ersten Sonnenstrahlen des Jahres, und noch dazu an einem freien Tag, haben viele Menschen an die Ufer der Elbe getrieben. Marion ist in ihren Pelzmantel gehüllt, dazu trägt sie einen leuchtend blauen Schal und eine neue Sonnenbrille, die ziemlich cool aussieht: eine Art Technobrille in Schwarz, die weit über das Gesicht geht und auch an den Seiten die Sonne abhält. Auf diese Weise kann Marion in der Sonne sitzend lesen, ohne geblendet zu werden.

Unter den Spaziergängern an der Elbe fällt die ungewöhnliche Kombination von graugewellten Haaren und Technobrille auf. Einige Passanten drehen sich um. Marion bemerkt das gar nicht. Sie sieht lange zum Fluss, an dessen Ufer ein paar Menschen stehen. »Wunderbar, diese schwarzen Silhouetten am Wasser...«, sagt sie. Und einen Moment später: »Oder sehen sie nur durch meine Brille so aus?«

Wir schlendern weiter, und ich frage Marion, ob sie noch mal mit dem Arzt gesprochen habe.

»Ja. Also, es gibt drei Möglichkeiten: Erstens, er zieht das Messer, aber da weiß man bei Leuten in meinem Alter nicht, wie sie die Narkose vertragen.

Die zweite Möglichkeit sind Bestrahlungen, aber das will ich eigentlich nicht. Und das Dritte weiß ich nicht mehr. Also, ich denke, ich wähle das Messer.«

Ein paar Schritte weiter sagt sie: »Ich sehe das so, entweder ich sterbe bei dem Eingriff, oder ich überlebe ihn und bin wieder gesund. Ich bin mit beidem einverstanden.«

»Beim letzten Mal ist ja auch alles gutgegangen«, erinnere ich sie.

»Na ja, es ist schon ein Unterschied, ob man vierundachtzig Jahre alt ist oder neunundachtzig… Sag mal, findest du nicht auch, dass er zu dick ist?«

Sie meint Felix, den sie an der Leine hält. Auf dem Rückweg müssen wir den Dackel ziehen. »Er weiß immer genau, was los ist«, meint Marion, »und er möchte noch nicht nach Hause.«

Mittlerweile habe ich die Leine in der Hand, aber Felix will immer auf der Seite schnuppern, auf der Marion geht.

»Ich nehme ihn wieder«, sagt sie.

Nur wenige Schritte, dann will er wieder auf die andere Seite. Marion lacht. Ich halte die Leine gerade wieder in der Hand, prompt bleibt Felix stehen. Je mehr ich mich über den Hund ärgere, desto mehr freut Marion sich – es macht ihr immer Spaß, wenn die Kleinen die Großen narren.

»Wir sind eben die Hunde des Hundes«, erklärt sie.

Die Operation wird auf Ende Januar angesetzt. Ein paar Tage vorher ruft Irene Brauer an, die Gräfin wolle mich sprechen.

»Hör mal«, sagt Marion – wie immer ohne Begrüßung, wenn sie aus dem Büro anruft –, »in Blankenese läuft dieser Pferdefilm – hast du Zeit und Lust?«

Sie meint den *Pferdeflüsterer* von und mit Robert Redford. Der Film interessiert mich eigentlich nicht, aber ich sage dennoch zu.

»Ich muss am Abend noch schreiben«, sagt Marion, »können wir heute etwas früher gehen?«

Ich schlage die 18-Uhr-Vorstellung vor, ich würde sie eine halbe Stunde vorher am Pumpenkamp abholen.

»Sehr gut«, sagt Marion und legt auf.

Als ich in ihr Wohnzimmer trete, steht sie am großen Fenster und drückt einen Knopf. Die Rollläden senken sich quietschend.

»Wann müssen wir los?«, fragt sie.

»Um sechs.«

»Beginnt der Film um sechs oder das andere Zeug?«

»Die Werbung.«

»Dann haben wir ja noch Zeit. Einen Campari?«

*Hamburg 1994*

*Dieses Foto der Allee nach Friedrichstein stand auf Marions Schreibtisch in Blankenese*

*Schloss Friedrichstein*

*Die Geschwister 1912. Von links nach rechts: Marion, Maria, Toffi, Dieter, Yvonne, Heini, Christa*

*Auf der Terrasse von Friedrichstein – Mutter Ria (rechts) mit Marions ältesten Geschwistern Heini und Yvonne und der Kronprinzessin Cecilie (2. von links)*

*Das Haus, in dem Marion 40 Jahre lebte*

*Regelmäßig saßen Gäste vor dem Kamin – hier Marion mit Tönnies Hellmann*

*Marions Schreibtisch: Hier entstanden die Leitartikel*

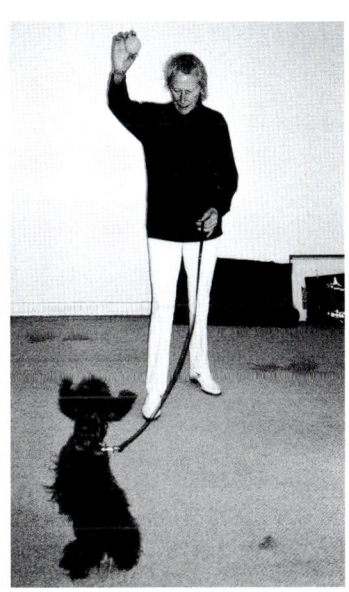

*Renate Ellermann, die Haushälterin,
mit Dackel Felix*

*Marion mit Helmut Schmidt, 1970*

*Mit Michail Gorbatschow, im Hintergrund Helmut und Hannelore Kohl, 1989*

*Mit Richard von Weizsäcker, 1989*

*Mit Henry Kissinger an Marions 80. Geburtstag in Hamburg*

*Zwischenstopp in Okahandja*

*Ein ungewöhnlicher Arbeitsplatz*

*Notizen über Südafrika*

*Salzsee im Etosha-Nationalpark*

*Enthüllung des Kant-Denkmals in Kaliningrad, 1992*

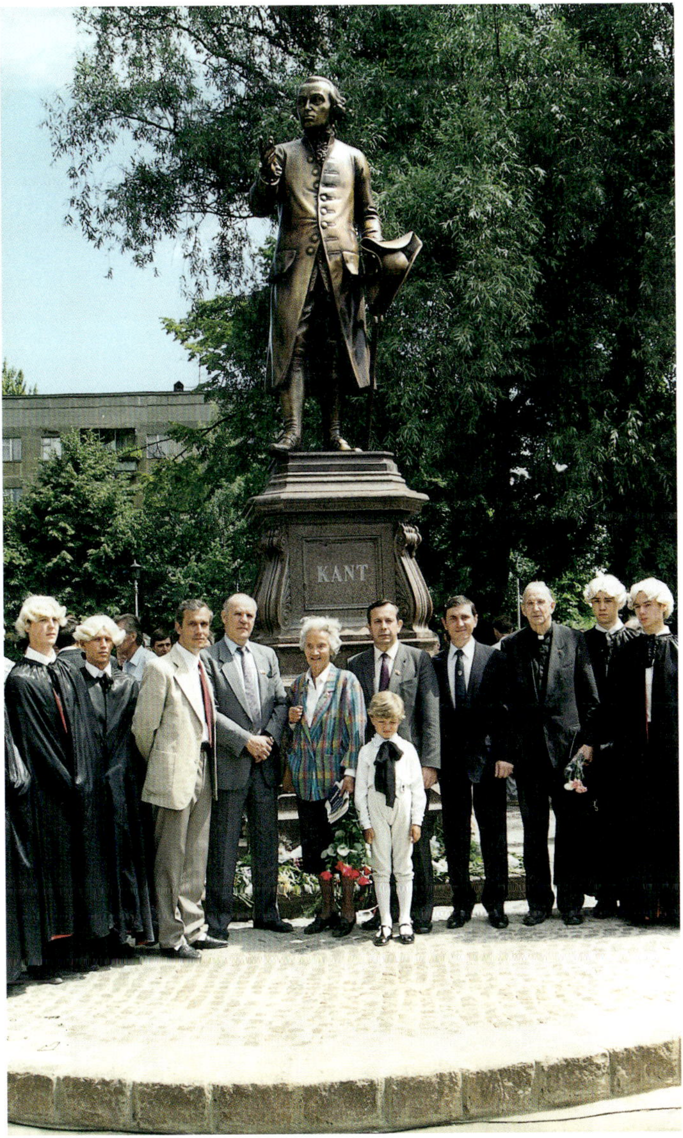
KANT

*Marions zweite Heimat: Forio / Ischia – das Haus mit Laube*

*Marions Schwester Yvonne
lebte auf Ischia*

*Frühstück im Garten, Mai 2001*

*Auf der Fähre nach Ischia*

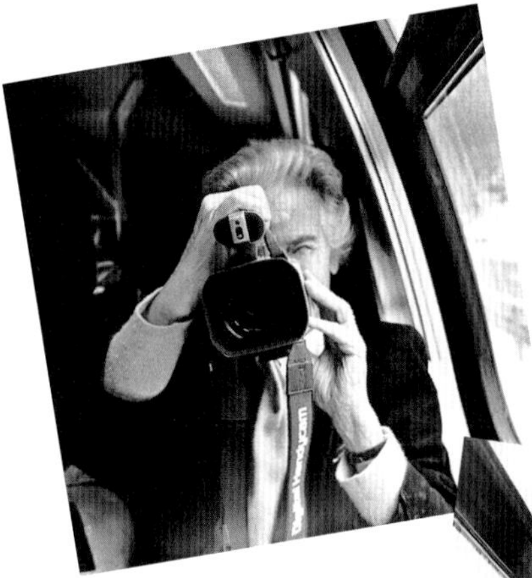
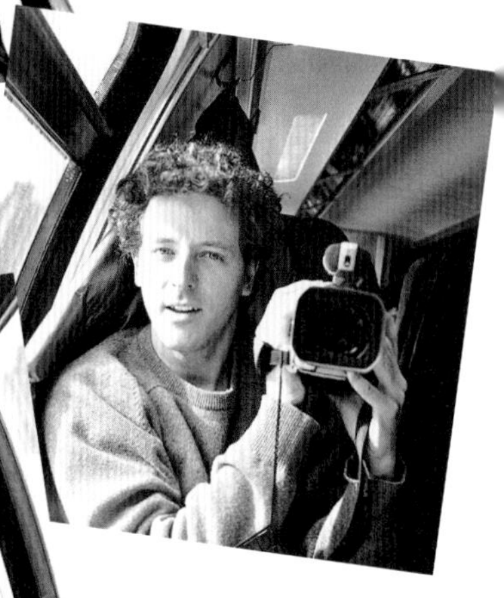
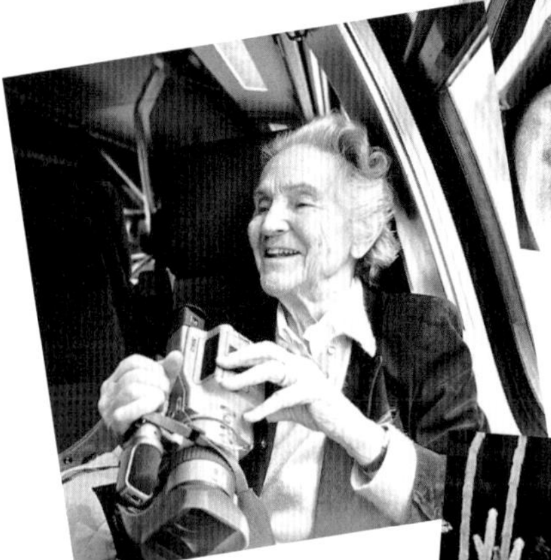
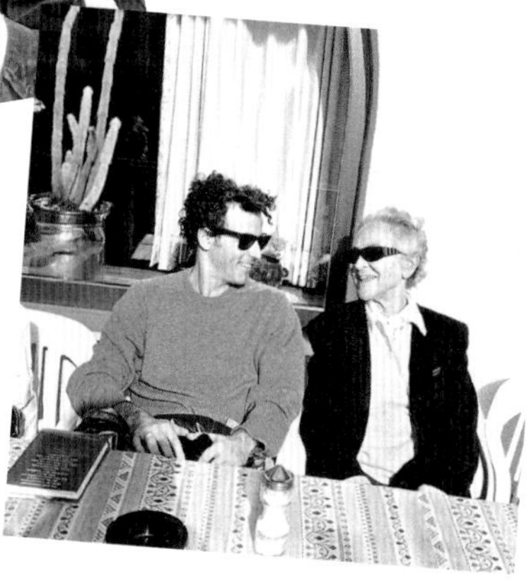

*Schweiz 1999*

*Im Garten in Blankenese*

Während wir den Campari-Orange trinken, erwähnt Marion, dass sie Semjon zum Mittagessen getroffen habe. Mein neunzehnjähriger Cousin hat mir schon kurz zuvor am Telefon erzählt, dass er und die Großtante viel Spaß gehabt hätten.

»Ja«, bestätigt Marion, »das war wirklich sehr nett. Ich hoffe nur, dass er die Zeit in Paris nutzt und Französisch lernt.«

Marion interessiert sich immer für die Jüngeren in der Familie. Sie will wissen, was wen interessiert und wer was tut. Das Erste ist ihr wichtig, aber nur in Verbindung mit dem Zweiten: »Es ist immer gut, alles, was einen interessiert, auszuprobieren. Aber man sollte nicht allzu viel Zeit verplempern.« Wenn Semjon eine Designschule in Paris besucht, dann soll er natürlich auch die Zeit nutzen, um die Sprache zu lernen.

Dass alles in irgendeiner Weise nützlich sein muss, geht uns Jüngeren oft auf die Nerven. Gleichzeitig sind wir von der ständigen Anteilnahme unserer Großtante auch gerührt. Und wenn einem etwas gelingt, dann gibt es kaum jemanden, der sich so sehr mit einem freut, wie sie es tut.

Wie immer verlassen wir das Kino nach der Hälfte des Films. »Also, ich habe nichts verstanden, fand's aber ganz schön«, erklärt Marion auf der Rückfahrt.

Glaubt sie, die sich in Ostpreußen intensiv mit Pferden beschäftigt hat, dass man die Tiere durch Zuflüstern zähmen könne? »Eigentlich nicht«, antwortet sie. »Pferde sind merkwürdig phantasielos – im Gegensatz zu Hunden oder Katzen zum Beispiel.«

Marion erzählt, dass sie den Arzt gefragt habe, ob sie wegen der Operation eine geplante Lesung in Basel absagen müsse. Der Arzt meinte zu ihrer Freude, dass sie die Lesung nicht abzusagen bräuchte. »Also, wenn man das überlebt«, fasst Marion zusammen, »dann geht's schnell.«

Ich glaube, der Arzt hat das gesagt, um Marion nicht zu beunruhigen. Die Lesung ist schon sehr bald, und der Arzt geht vermutlich davon aus, dass man sie nach der OP noch kurzfristig absagen kann.

Am Tag vor der Operation kommen Hermann und seine Schwester Christina angereist, um Marion ins Krankenhaus zu begleiten und als Beistand ein paar Tage in Hamburg zu bleiben. Als Marion am Nachmittag ihr Zimmer bezieht, scheinen wir Angehörigen angespannter zu sein als die Patientin.

Am frühen Abend, ich bin noch gar nicht lange wieder zu Hause, meldet sich Hermann am Telefon. »Wir gehen jetzt essen«, sagt er. »Und Marion kommt mit.«

»Wie? Sie muss doch im Krankenhaus bleiben.«
»Die Operation fällt aus.«
»Was?«
»Marion erzählt es dir nachher selbst.«

Wir treffen uns zu viert in einem Restaurant im Grindelviertel. Die Stimmung ist auffallend ausgelassen. Ich bin gespannt, was zu dieser überraschenden Wende geführt hat.

Nachdem wir bestellt haben, berichtet Marion endlich, was passiert ist: »Der Arzt kommt in mein Zimmer und fragt, ob ich irgendwelche Medikamente genommen hätte. Ich antworte artig und wahrheitsgetreu, dass ich die letzten Tage kein einziges Medikament eingenommen hätte, so wie mir gesagt worden ist. Und dann sagt der Arzt so nebenbei: ›Und auch kein Aspirin.‹ Da hatte ich aber gerade eins genommen...«

Damit ist klar, warum die Operation nicht durchgeführt werden konnte. Aspirin verdünnt das Blut, und bei einem Eingriff hätte akute Verblutungsgefahr bestanden. Ergebnis: Die OP ist um zehn Tage verschoben.

»Das habe ich noch nie erlebt: von einem Moment auf den anderen zehn Tage frei zu haben«, sagt Marion, und sie ist darüber hochst erfreut.

Noch während des Abendessens kommt eine Idee auf: Wie wäre es, die Gelegenheit zu nutzen und für eine Woche in die Schweizer Berge nach Sils Maria zu fahren? Marion liebt den Ort, in dem sie schon oft ein paar Tage Ferien verbracht hat. Christina und ich können das zeitlich einrichten und beschließen kurzerhand, Marion zu begleiten.

Es ist 21 Uhr, durch den Dammtor-Bahnhof hallt die Stimme aus dem Lautsprecher: »City-Nightline nach Zürich fährt ein.«

Ich stehe auf Gleis vier im kalten Wind und hoffe, dass bei Marion und Christina alles gut geklappt hat; sie sollten schon eine Station vorher, in Altona, eingestiegen sein.

Der Zug hält quietschend, die Türen öffnen sich. Aus einer lugt Marions grauer Lockenkopf heraus. »Soll ich die Taschen nehmen?«, fragt sie.

Im Zugrestaurant haben wir einen Tisch für uns allein. Wir sprechen über Krankheiten, was eigentlich ungewöhnlich ist, allerdings nicht über die aktuelle. Marion erzählt von der Gelbsucht, die sie vor langer Zeit befallen hat. »Das muss von einem Muschelgericht gekommen sein, das ich in Moskau gegessen habe«, vermutet sie. Wochenlang habe sie im Krankenhaus liegen müssen. Ihre Schwester Yvonne kam aus Ischia zu Besuch und schlug ein sonderbares ischianisches Heilmittel vor. Marion erfreut sich noch heute an der Geschichte: »Bei

Vollmond legt man eine Nacht lang einen Karpfen in einer Schüssel neben das Bett. Am nächsten Morgen ist der Karpfen gelb und man selbst gesund.« Das wollte die Erkrankte mal versuchen. Yvonne kaufte in einem Fischgeschäft in der Stadt einen Karpfen und brachte ihn ins Krankenhaus. Marion fürchtete ein wenig die Reaktion des Arztes. Aber nachdem er den Fisch in der Schüssel neben dem Bett entdeckt hatte und Yvonne und Marion ihn in die zu erwartenden Vorzüge des Heilmittels eingeweiht hatten, zeigte er sich sogar interessiert. Er fand es mindestens eine gute Ergänzung zu seiner Therapie. Ein paar Tage später hatte er, wie Marion auch, den Eindruck, dass der Karpfen die Genesung tatsächlich unterstützt hatte.

Am nächsten Morgen steigen wir in Zürich und in Chur um, und ruckeln schließlich in einem Regionalzug durch die schneebedeckten Schweizer Berge Richtung Sils Maria. Auf dieser Strecke kommt man an dem kleinen Ort Samedan vorbei. Marion strahlt, als sie aus dem Fenster zeigt: »Da, neben der Kirche war die Haushaltsschule, wo ich meine fabelhaften Kochkünste erlernt habe.«

»Du hast eine Haushaltsschule besucht?« Davon habe ich noch nie etwas gehört. Es passt auch gar nicht zu Marion.

Sie erzählt von ihrer strengen Mutter, die sie gezwungen habe, die Haushaltsschule zu besuchen – es war die Bedingung, dass sie als jüngste Tochter an der Universität ein Studium aufnehmen durfte. Frau und Studium, das war in der Familie Dönhoff damals eine kleine Sensation.

»Wie lange warst du denn in der Haushaltsschule?«, fragt Christina.

»Ein halbes Jahr.«

»Und was hast du da gelernt?«

»Nichts.«

Marion betrachtet die rauhen Berge. »Aber wir sind in einer kleinen Gruppe oft dort hinaufgeklettert. Das war nicht ganz ungefährlich.«

Samedan ist schon fast aus dem Blickfeld verschwunden, als Marion noch etwas einfällt: »Ich habe damals einen Handschuh gestrickt. Das war ziemlich mühsam. Ich fand ihn so schön, dass ich ihn an eine Wäscheleine gehängt und mit den Bergen im Hintergrund fotografiert habe.«

»Nur einen Handschuh?«, fragt Christina verdutzt.

»Ja, nur einen. Als ich den fertig hatte – und der war wirklich ganz besonders schön, muss ich sagen –, wusste ich nicht mehr, wie ich das zuwege gebracht hatte. Deswegen konnte ich den zweiten nicht mehr stricken.«

In Sils Maria wohnen Marion und Christina in einem Hotel, und weil so kurzfristig keine drei Zimmer zu haben waren, wohne ich in einem anderen. Zum Frühstück, zum Spaziergang oder zum Kaffee verabreden wir uns. Das gemeinsame Abendessen im Restaurant ist obligatorisch.

Am ersten Abend haben wir einen Tisch in einem sehr traditionellen Restaurant bestellt. Marion sagt: »Weil es der erste Abend ist, spendiere ich uns einen besonders guten Rotwein.«

Das Menü wird ausgewählt, der Wein gebracht, und dann sitzen wir einen Augenblick einfach nur schweigend da, erschöpft und zufrieden.

»Eigentlich hätte ich jetzt tot sein können«, sagt Marion. »Stattdessen sitzen wir hier zusammen in den Bergen und trinken guten Wein. Ich finde, darauf sollten wir einmal anstoßen.«

Wir erheben unsere Gläser und Marion sagt: »Auf die Aspirin-Tablette«.

Der nächste Morgen ist sonnig, die Luft klar, nur ein Wölkchen spielt mit den Berggipfeln. Ein Tag zum Spazierengehen.

Marion liebt lange Wanderungen, auf denen man die Zeit vergisst. Sie setzt ihre blaue Wollmütze auf, die an eine Zipfelmütze erinnert, zieht die helle Daunenjacke zurecht und spaziert mit schnellen

Schritten über den platt getretenen Schnee voran. In der Hand hält sie einen Skistock, den sie als Spazierstock nutzt. Christina und ich schlendern hinterher.

Am Rande des breiten, schneebedeckten gefrorenen Sees von Sils Maria steht ein einzelner Baum, daneben eine Bank. Marion hält plötzlich an. »Schaut doch mal, ist das nicht ein schönes Bild? Das müsste man eigentlich fotografieren.«

Für Fotomotive hat Marion einen geübten Blick. Im Jahr 1928 hat sie zum bestandenen Abitur eine Leica geschenkt bekommen. Sie fotografierte ihre Heimat Ostpreußen, Landschaften und Menschen. Die Kamera begleitete sie in den dreißiger Jahren auf vielen Reisen. Zu Hause in Schloss Friedrichstein verbrachte die junge Fotografin viele Stunden in ihrer Dunkelkammer, wo sie die Filme selbst entwickelte und Abzüge anfertigte. Nach dem Krieg, als Journalistin unterwegs, fotografierte sie in Afrika, dem Vorderen Orient oder in Moskau. Aber ihr wurde etwas klar: »Wenn man es als Journalist richtig machen will, muss man sich entscheiden: schreiben oder fotografieren.« Die letzten Fotos entstanden im Jahr 1963 im Jemen und während einer Reise nach Masuren. Danach verstaute Marion ihre Leica bei sich zu Hause in der Schublade einer Kommode. Sie nahm die geliebte Kamera nie wieder in die Hand. Aber wenn in Marions Gegenwart irgendwer mit einer Kamera hantiert, beobachtet sie genau.

Marion schaut noch immer auf die Silhouette von Baum und Bank vor dem See von Sils Maria. Ich reiche ihr meinen Fotoapparat. Vielleicht hat sie doch noch einmal Lust, selber ein Bild festzuhalten? Wortlos nimmt sie den Apparat entgegen, blickt durch den Sucher, justiert ein wenig und drückt den Auslöser. »Ich glaube, das könnte ganz gut geworden sein«, sagt sie zufrieden.

Zwei Stunden sind wir unterwegs, haben im Nachbarort eine kleine Kirche besucht, die Marion gern wiedersehen wollte, und nun sitzen wir in einem Café, und Marion macht eine Mitteilung: »So, das ist eine gute Gelegenheit, wir schreiben jetzt unsere Postkarten.«

Aus ihrer Handtasche zieht sie einen kleinen Packen Karten. Christina hat sichtlich keine Lust, von einem Moment auf den anderen Postkarten zu schreiben, und mir geht es ebenso. Auch ärgert mich die Eigenart von Marion, Dinge, die sie tun möchte, kurzerhand als »vernünftig« zu deklarieren. »Ich will jetzt keine Postkarten schreiben«, sage ich, »das können wir genauso gut morgen machen.«

Marion schaut mich entgeistert an. »So etwas

Verrücktes«, stellt sie fest, »morgen will vielleicht Christina keine Postkarten schreiben...«

»Das kann sein«, stimmt Christina zu.

Marion schüttelt den Kopf. »Und übermorgen will dann ich vielleicht nicht...« Resigniert steckt sie die Karten wieder in die Tasche.

Die nächsten Tage vergehen ansonsten in entspannter Atmosphäre, die Postkarten werden irgendwann doch noch geschrieben und zur Post gebracht, dazwischen immer wieder Spaziergänge, wenn das Wetter es zulässt.

Einmal aber wird es spannend. Die Nachrichten haben einen Kälteeinbruch in Deutschland gemeldet. Bei uns in den Schweizer Bergen ist es auch schon unruhig, aber das soll kein Grund sein, ganz auf den täglichen Spaziergang zu verzichten. Marion und ich marschieren los. Vielleicht eine Stunde später, wir haben uns von Sils Maria weit entfernt, schlägt das Wetter um. Eisböen fegen durch das Tal. Marion wickelt sich ihren blauen Schal um den Kopf, und ich hake sie ein. Die Böen werden von Minute zu Minute stärker, bis wir uns kaum noch aufrecht halten können. Wir sind gezwungen stehenzubleiben und uns mit dem Rücken gegen den Wind zu stellen. Wir lachen, so absurd ist die Situation. Marion ruft: »Wir nehmen den Bus!«

Eine Bushaltestelle ist jedoch nirgends zu sehen. So schnell, wie er gekommen ist, verschwindet der kräftige Wind wieder, und wir können weitergehen. In einem Café, in dem wir die einzigen Gäste sind, trinken wir heiße Ovomaltine. Lange können wir nicht verschnaufen, denn Marion hat eine wichtige Verabredung. Fritz Stern, mit dem sie seit vielen Jahren eng befreundet ist, weilt zufällig in Sils. Draußen hat sich die Lage endgültig beruhigt, also machen wir uns beschwingt auf den Weg, marschieren auf einer langen Straße Richtung Hotel.

Aber dann – man hätte es ahnen können – schlägt das Wetter erneut um: Wieder fegen Böen durch das Tal, wirbeln Schnee auf. Wir retten uns in eine Telefonzelle am Straßenrand. Um uns herum nur noch Weiß.

Zwanzig Minuten später stehen wir noch immer in der Zelle, der Wind lässt nicht nach. »Wir halten ein Auto an«, sagt Marion.

Ein einziger Wagen ist, seit wir hier stehen, vorbeigefahren. Wenige Minuten später tauchen zwei Scheinwerfer in einiger Entfernung auf. Ganz langsam bewegt sich das Auto in unsere Richtung. Wir nicken uns zu: Gleich werde ich aus der Zelle springen und es stoppen. Doch kaum haben wir das gedacht, biegt der Wagen ab, die Rücklichter verschwinden im Nichts.

Es hat keinen Zweck: Wir müssen zu Fuß weiter. Eingehakt marschieren wir wortlos, konzentriert und zügig zurück. Mit nur wenigen Minuten Verspätung kommen wir in Fritz Sterns Hotel an.

Als ich kurze Zeit später gehe, sehe ich Marion und Fritz durch das Fenster in der Lobby vor dem Kamin sitzen, bereits in ein intensives Gespräch vertieft.

Sechs Tage sind vergangen. Beim Essen am vorletzten Abend ist Marion etwas bedrückt. Die Fröhlichkeit über die gewonnene freie Zeit ist angesichts der näher rückenden Operation einer Nachdenklichkeit gewichen. Als wir unseren Wein austrinken, will Marion, dass ich Christina und ihr eine Kindergeschichte erzähle, die ich kurz zuvor geschrieben und von der ich Marion andeutungsweise erzählt habe. Sie mag Kindergeschichten. Also erzähle ich die Silvestergeschichte, in der zwei kleine Mädchen in einer Neujahrsnacht eine sprechende Silvesterrakete in ihrem Zimmer entdecken und diese überreden, sie zu einem Flug über die Stadt mitzunehmen. Die Geschichte hat leider noch kein Ende. Marion hat eine Idee: »Wie wäre es, wenn es ein trauriges Ende gäbe? Wenn die Rakete die Kinder zum Beispiel unten absetzt, wegfliegt, und die Mädchen können ihr nur traurig hinterhersehen?«

Christina und ich schauen uns verblüfft an, und Marion sagt: »Nein, das wäre wohl kein so gutes Ende.«

Es ist schon sehr spät, als wir noch einmal die Jacken anziehen und hinausgehen. Wir wollen die Berge im Mondschein sehen. Der Himmel ist sternenklar, der Mond fast voll, die Berge leuchten weiß. Das entfernt liegende schlossähnliche Hotel Waldhaus ist von riesigen Scheinwerfern hell beleuchtet.

»Wie viele Lichter man wohl braucht, um so ein gewaltiges Bauwerk zu beleuchten?«, überlegt Marion. Während wir darüber nachdenken, macht es »klick«, und die Beleuchtung erlischt mit einem Mal, als hätte jemand den Stecker herausgezogen.

Beim Frühstück gehen wir die Planung für die folgenden Tage durch: Am nächsten Morgen müssen wir nach Basel fahren, wo Marion ihre Lesung absolvieren wird. Am darauffolgenden Tag müssen wir früh um Viertel nach sieben den Flieger erreichen, damit sie rechtzeitig zur Operation wieder in Hamburg ist. Es ist wahnsinnig, aber Marion ist die Lesung in der Schweiz wichtig; hier war das Interesse an ihrer Person immer sehr groß, und in Basel hat sie studiert. Da will sie die zugesagte Veranstaltung in einer Kirche, zu der eintausend Gäste erwartet werden, nicht ausfallen lassen, schon gar nicht wegen einer Operation.

Marion geht zum Frühstücksbüfett, nimmt sich ein noch kleineres Stück Brot als sonst. Sie sieht nicht sehr glücklich aus. Sie setzt sich auf ihren Platz, und dann erklärt sie: »Ich habe Kopfschmerzen, aber ich darf ja kein Aspirin nehmen…«

Wir überlegen, was man gegen Schmerzen tun kann. Plötzlich steht die Dame von der Rezeption vor unserem Tisch: »Gräfin Dönhoff, Telefon für Sie – es ist dringend.«

Wortlos faltet Marion ihre Serviette zusammen und folgt der Frau. Christina und ich sehen uns an: Was kann passiert sein?

Ein paar Minuten später kommt Marion zurück. »Es wird sich einiges ändern«, sagt sie. »Der Professor muss die Operation erneut verschieben. Diesmal um drei Tage.«

Marion wirkt erleichtert durch den erneuten Aufschub. Und doch scheint sie unschlüssig, ob sie sich darüber wirklich freuen soll. Sie isst von ihrem Brot, trinkt einen Schluck Kaffee. Plötzlich hellt sich ihr Gesicht auf: »Ach!«, sagt sie erfreut. »Dann kann ich doch ein Aspirin nehmen, sind ja nun wieder fünf Tage!«

Die Sonne scheint auf die Hotelterrasse, Marion geht es wieder besser. Am Nachbartisch sitzt ein graumelierter Herr, der in der *Frankfurter Allgemeinen* liest und zwischendurch zu Marion schaut. Schließlich beugt er sich herüber und tippt ihr auf die Schulter: »Sie sind doch die Gräfin Dönhoff?«

»Ja, bin ich.«

»Wusste ich«, sagt der Mann.

Dann nimmt er sich wieder seine Zeitung vor, und Marion wendet sich der Sonne zu.

Als wir uns später anschicken, die Terrasse zu verlassen, tippt der Nachbar Marion noch einmal an. Er hält ihr seine Zeitung hin: »Bevor Sie gehen, müssen Sie diesen Artikel lesen.«

»Warum?«, fragt Marion.

»Weil er wichtig ist.«

Sie nimmt die Zeitung entgegen: »Wehe, wenn der Artikel langweilig ist!«

Sie lehnt sich zurück und liest den Leitartikel über die neue Regierung Schröder, die seit hundert Tagen im Amt ist. Während Marion liest, wird sie von dem FAZ-Leser gespannt beobachtet.

Schließlich reicht sie ihm die Zeitung zurück und sagt: »Na ja ...«

»Die Regierung macht ja nur Mist«, gibt der Mann zu bedenken.

»Ich finde es unrealistisch, eine Regierung nach

nur hundert Tagen beurteilen zu wollen«, antwortet Marion.

»Das tun aber alle.«

»Ich finde es trotzdem unsinnig.« Marion steht auf, reicht dem Mann die Hand.

Nachdem wir gegangen sind, kommt sie noch einmal auf das Thema zurück: »Ist doch klar: Wenn nach sechzehn langen Jahren eine Regierung abgelöst wird, kann nach hundert Tagen nicht alles anders sein.«

Es ist nicht das erste Mal, dass sich Marion über die, wie sie findet, übertrieben negative Presse in Schröders erster Zeit ärgert.

Am Tag der Abfahrt sitzt Marion an einem leeren Tisch im Frühstücksraum und schreibt mit einem Kugelschreiber auf Briefpapier vom Hotel.

»Wem schreibst du denn da?«, frage ich.

»Dem Schröder ... Ich glaube, das wird ihn freuen, weil alle so über ihn herfallen. Ich habe geschrieben, dass ich sein Interview gestern im ZDF hervorragend fand und überzeugt bin, dass die Deutschen ihn bald akzeptieren werden, er muss nur durchhalten.«

Marion bittet mich, den Brief zur Rezeption zu bringen, damit er gefaxt werden kann.

»Wohin soll er denn gefaxt werden?«, frage ich.

»Ans Kanzleramt.«

»Aber an der Rezeption haben sie wahrscheinlich die Faxnummer vom Kanzleramt in Deutschland nicht gerade zur Hand…«

»Ach, das finden die schon heraus«, glaubt Marion.

Die Dame an der Rezeption ist überrascht, verspricht aber, es zu erledigen.

Ich schätze die Chancen nicht allzu hoch ein, dass das Schreiben tatsächlich den Bundeskanzler erreichen wird, zumal es so handgeschrieben auf Hotelbogen nicht sonderlich professionell daherkommt. Andererseits kann man sich gut vorstellen, dass ein ermunterndes Fax in diesen Tagen, da Gerhard Schröder in allen Umfragen abgestürzt ist, vielleicht doch auffallen wird.

Und genauso ist es dann auch: Schröder schreibt sofort zurück, Marion und er treffen sich kurz darauf in Berlin und gehen zusammen essen.

Im Zug von Sils nach Basel schaut Marion manchmal gedankenverloren aus dem Fenster. Dann plötzlich, wie aus heiterem Himmel, sagt sie: »Guck mal!« Sie zeigt auf ein Stück Winterlandschaft, das draußen vorbeizieht. »Willst du das nicht filmen?«

Während ich meine Videokamera aus dem Fenster richte, greift Marion meinen Fotoapparat, der auf dem Tisch zwischen uns liegt, und fotografiert mich. Ich filme sie. »Jetzt tauschen wir«, sagt Marion.

Die Kirche in Basel ist überfüllt, die Besucher stehen bis auf die Straße hinaus. Marions Stimme ist über Lautsprecher gut zu hören: »Ich freue mich, wieder hier in Basel zu sein, wo ich von 1933 bis 35 studiert habe – das ist tatsächlich schon sechsundsechzig Jahre her.« Sie liest aus den Büchern *Um der Ehre willen – Erinnerungen an die Freunde vom 20. Juli* und *Zivilisiert den Kapitalismus*. Anschließend signiert sie noch über eine Stunde lang. Spät an diesem Abend verschwindet Marion erschöpft in ihrem Hotelzimmer.

Am nächsten Morgen ist sie wie neu aufgezogen: In der Hotellobby gibt sie dem Schweizer Fernsehen ein Interview, während draußen schon das Taxi wartet, das uns zum Flughafen bringen soll. Wie üblich schaffen wir es gerade noch rechtzeitig und sind die letzten Passagiere, die die Maschine betreten – genau so, wie Marion es am liebsten hat.

Die Operation verläuft ohne Komplikationen. Bei meiner Ankunft im Krankenhaus in Hamburg Eppendorf erklärt mir die Schwester, dass Marion schon wach sei. Als ich mich ihrem Zimmer nähere, sind merkwürdige Stimmen zu hören. Ich öffne vorsichtig die Tür. Eine Männerstimme spricht. Ich schaue um die Ecke. Marion sitzt aufrecht im Bett, auf ihrem Schoß steht ein kleines Radio. Sie hört die Nachrichten.

Marion knipst das Gerät aus und sagt: »Ist nichts Besonderes passiert.«

# Auf Ischia

Etwa zwei Jahre später, im Mai 2001, verbringen Marion und ich gemeinsame Ferientage auf Ischia. Seit Ende der fünfziger Jahre reist Marion regelmäßig auf die Insel im Golf von Neapel – jeweils drei Wochen im Mai und im September. Bis 1992 lebte hier ihre Schwester Yvonne im Familienhaus im Städtchen Forio, einem kleinen Fischerort. Ischia wurde für Marion neben Hamburg zur zweiten Heimat. Nach Yvonnes Tod hielt sie ihren Turnus bei, aber sie ist nicht gern allein in dem Haus. Sie lädt Freunde und Verwandte ein, und auch ich komme regelmäßig für ein paar Tage dazu.

An diesem Maimorgen am Hamburger Flughafen kommt Marion mit ihrer blauen Reisetasche und einer Plastiktüte, die mit einer roten Schleife zugebunden ist.

»Was hast du denn da drin?«, frage ich.

»Das ist eine Überraschung!«

Ich nehme Marions Tasche, die Tüte will sie selber halten. Nachdem wir eingecheckt und die Koffer abgegeben haben, reihen wir uns zur Gepäckkontrolle ein. Marion steht hinter mir, die weiße Plastiktüte fest in der Hand. Bei der Kontrolle kommt Marion nach mir an die Reihe. Sie fragt eine Beamtin bewusst beiläufig, ob auch die Tüte durch den Röntgenapparat müsse. Selbstverständlich muss sie. Marion sieht der Tüte mit der roten Schleife etwas bang hinterher, als sie auf dem Band in der Maschine verschwindet.

Und dann passiert, was sie wohl erwartet hat: Der Sicherheitsbeamte, der den Bildschirm kontrolliert, macht ein erstauntes Gesicht und gibt dem Kollegen ein Zeichen. Der zieht die Tüte vom Band und fragt Marion streng: »Ist das Ihre?«

»Ja, danke«, sagt Marion und greift nach der Tüte.

Der Beamte hält sie fest: »Wenn Sie bitte mal öffnen würden...«

»Nein«, antwortet Marion, »das geht nicht.«

»Entschuldigung?«

»Das geht nicht. Ich bekomme die Schleife dann nicht wieder zu.«

»Was ist das denn in der Tüte?«, fragt der Mann irritiert.

»Raten Sie doch mal.«

Der Beamte ist unschlüssig, ob er darauf eingehen soll. Schließlich sagt er: »Das sieht aus wie ein Skelett... Sind das Knochen?«

Marion nickt. Sie zieht an der Tüte, aber der Beamte hält sie fest. »Was sind das für Knochen?«, fragt er.

»Ja, was sind das für Knochen?«, wiederholt Marion mit ruhiger Stimme. »Was würden Sie denken?«

Der Mann überlegt. »Hase?«

Marion ist fassungslos. »Hase… Das ist ein Rehrücken!«

»Ach Gott. Na, dann Entschuldigung«, lenkt der Beamte ein und reicht ihr die Tüte zurück.

Jedes Jahr bekommt Marion von Hermann einen Rehrücken geschenkt, den sie sich für besondere Anlässe aufhebt – die Ferien auf Ischia sind so einer.

Beim Anflug auf Neapel muss das Flugzeug in die Warteschleife. Sonnenbeschienen und in hellen Terrakottatönen liegt unter uns die Stadt am leuchtend türkisen Wasser. Die Hafenpromenade ist gut zu erkennen und Buchten, in denen Schiffe beieinanderliegen wie hingeworfene Streichhölzer.

Marion schaut gebannt aus dem Fenster. »Ein wunderbares Panorama, nicht?«

Wir ziehen große Kreise über dem Wasser, die Inseln Ischia und Procida und ganz nah Capri sind gut zu sehen.

Und dann stehen wir mit dem Gepäck vorm Flughafengebäude. Wie jedes Mal wird auch jetzt wieder diskutiert, ob wir mit dem Bus zum Molo Beverello, dem Hafen von Neapel, fahren oder uns ein Taxi leisten.

Früher kam für Marion ein Taxi gar nicht in Frage. Ich erinnere mich an eine Reise im Herbst 1993, zu einer Zeit, als es noch Pauschalflüge von Hamburg nach Neapel gab, bei denen Ischiatouristen einen durchorganisierten Transport bis auf die Insel buchten. In jenem September traten Marion und ich in die Sonne und fanden direkt vor dem Flughafengebäude einen großen Bus mit einem Schild: »Molo Beverello« vor. Ein zweites Schild machte deutlich, dass der Bus ausschließlich für Pauschalreisende bestimmt sei. »Mal sehen, ob die uns trotzdem mitnehmen«, sagte Marion und steuerte gleich auf ihn zu. Am Eingang des Busses stand die Reiseleiterin, die darauf achtete, wer einstieg. Marion wollte die Frau gerade ansprechen, als diese in ein Gespräch mit dem Fahrer verwickelt wurde. Marion flüsterte mir zu: »Gar nicht erst fragen!«, und stieg in den Bus. Er war schon gut gefüllt, aber wir fanden zwei freie Plätze im hinteren Bereich. »Ist doch gut?«, sagte Marion.

Der Bus fuhr los, und die Reiseleiterin begann, die Transfergutscheine der Passagiere einzusammeln.

Ich saß am Fenster, Marion am Gang – sie würde also zuerst gefragt werden, und ich war gespannt, was passieren würde. Die Reiseleiterin rückte Reihe für Reihe vor, während sie von den Mitreisenden Karten in die Hand gedrückt bekam. Als sie bei uns angekommen war, hielt sie Marion die Hand entgegen. Marion schaute beharrlich weg.

»Entschuldigung, dürfte ich bitte Ihre Karte haben?«

Marion schaute sie nun stumm an, reagierte aber nicht. Die Frau guckte mich an, ich sagte auch nichts. Noch mal wandte sie sich an Marion, dieses Mal energisch.

»Welche Karte meinen Sie?«, fragte Marion betont freundlich.

»Na, die Transferkarte für den Bus!«

Marion kramte in ihrer Tasche und reichte ihr ein Billett. Die Frau schob es beiseite: »Nein, der Flugschein interessiert mich nicht, ich brauche Ihre *Bus*karte für den Transfer nach Ischia!«

»Ja«, sagte Marion, »da wollen wir hin.«

Den Trick kannte ich von ihr: unlogisch argumentieren, unschuldig tun.

Die Reiseleiterin hielt einen Moment inne, holte tief Luft und sagte dann mit strenger Stimme: »Aber das nächste Mal fahren Sie nur mit, wenn Sie den Transfer mitgebucht haben.«

»Okay«, antwortete Marion leise.

Die Frau schaute über Marion hinweg mich an: »Dürfte ich bitte Ihre Karte haben?«

»Bei dem haben Sie das gleiche Problem«, prophezeite Marion knapp.

Ärgerlich schüttelte die Frau den Kopf und ging weiter.

Jetzt im Mai 2001 ist alles anders. Es gibt keinen Direkttransfer, und der städtische Bus ist vielleicht doch zu unbequem für Marion, also nehmen wir ein Taxi. Der Fahrer gibt gleich Gas. Die erste Ampel ist zwar rot, doch das spielt in Neapel keine Rolle, wir sausen durch. Wie alle Taxifahrer hier fährt auch unserer nicht nur schnell, sondern auch geschickt. Als ein langsameres Auto vor uns auftaucht, flucht er. Marion lacht, das kann sie gut verstehen, schnell ist auch ihr am liebsten. Auf der Autobahn habe ich immer den Eindruck, richtig entspannen kann Marion erst ab hundertachtzig.

Es ist später Nachmittag, als wir den Hafen erreichen. »Wenn du vielleicht hier beim Gepäck bleibst, dann guck ich mal, wann das nächste Boot fährt«, sagt Marion und steigt die Stufen hinunter zum Vorplatz, wo sich die Schalter für die Fähren befinden. Von oben ist gut zu erkennen, wie sich Marions grauer Lockenkopf im Gewusel der Reisenden zu den Schaltern vorbewegt.

Sie kommt mit zwei Karten zurück: »Es sind noch zwanzig Minuten Zeit.«

Wir nehmen im Hafencafé an einem kleinen runden Tisch im Freien Platz. Diesmal hält Marion ein Auge auf das Gepäck, während ich an der Bar Espresso und Kuchen besorge. Um uns herum herrscht Trubel: Menschen tragen Koffer und Taschen über die Piazza, Mopeds schlängeln sich geschickt durch die Menge, Taxifahrer warten neben ihren Autos stehend auf Kunden. In all dem Getöse schläft friedlich ein Hund.

»Er sieht ein bisschen verhungert aus«, findet Marion. »Aber er scheint zufrieden zu sein.« Sie trinkt einen Schluck aus ihrer Tasse. »Nirgends gibt es so guten Espresso wie in dieser Gegend.«

Das sagt sie immer, wenn sie am Anfang der Ferien hier den ersten Espresso trinkt.

Die Taxifahrer haben inzwischen eine Diskussion begonnen, sie gestikulieren heftig. Marion beobachtet sie eine Weile: »Herrlich, wie sie sich aufregen können.«

Der Hund wacht auf und schnuppert um unseren Tisch. Marion streichelt ihm mit dem Finger über die Stirn. »Gib dem armen Kerl doch ein Stück von deinem Kuchen...«

Dann ist es Zeit zu gehen. Ich trage die Taschen, aber wie immer will Marion mir etwas abnehmen.

»Gib mir doch auch was, das ist doch viel zu schwer.«

Und wie immer gebe ich ihr die Zeitungen – das sieht nach viel aus und ist trotzdem leicht. So marschieren wir auf die gewaltige weiß-blaue Fähre der »Linea Lauro« zu.

Das Schiff hat mehrere Etagen, die durch schmale Stahltreppen miteinander verbunden sind. Weil das Wetter schön ist, schlage ich vor, ganz nach oben zu gehen, von wo aus man den offenen Blick in alle Richtungen genießen kann.

Marion setzt sich in die Sonne. »Ich bin richtig süchtig nach Sonne«, sagt sie. Sie zieht das Jackett aus, setzt die Sonnenbrille auf. Die Fähre bewegt sich langsam aus dem Hafen, Möwen fliegen eine Weile hinterher. Der Vulkan Vesuv erhebt sich schwer und mächtig über dem Golf von Neapel.

»Vor sechzig Jahren kam da zum letzten Mal Lava raus«, sagt Marion, als wäre es vor kurzem gewesen.

Neapel ist kaum noch zu sehen. Kleine Boote mit schneeweißen Segeln kreuzen in der Nähe. Marion liest in einer Zeitung, die im Wind flattert. Der Wind wird stärker, und sie faltet die Zeitung wieder zusammen. Sie lehnt sich zurück und schließt die Augen.

Unter blauem Himmel fährt das Schiff vorbei an

kleineren Inseln auf Ischia zu, die »Grüne Insel«. Marion öffnet die Augen wieder. Ein kleines Boot schaukelt auf dem Wasser, der Fischer zieht gerade sein Netz ein, wobei es ihm schwerfällt, die Balance zu halten. Die Szene wirkt wie aus einem Charlie-Chaplin-Film. Marion muss lachen.

Die Fähre umkreist einen Teil der Stadt Porto d'Ischia und nimmt die schmale Einfahrt zum Hafen. Aber noch sind wir nicht angekommen, unser Ziel ist die andere Seite der Insel. Wir nehmen ein sogenanntes Microtaxi, ein dreirädriges Gefährt ähnlich einem Lieferwagen. Das Plastikverdeck kann bei Regen heruntergelassen werden, ansonsten sitzt man im Freien wie in einer Kutsche.

Der Fahrer ist eine junge Frau. »Das habe ich hier noch nie erlebt«, sagt Marion. »Mal sehen, wie die das macht.«

Im Microtaxi gibt es kaum Gepäckraum, wir nehmen zwei Taschen mit nach vorn. Während der Fahrt beugt sich Marion zu der jungen Frau vor und stellt ihr auf Italienisch eine Frage. Die Fahrerin antwortet mit einem langen Satz, der bei dem Motorlärm schwer zu verstehen ist.

»Sie sagt, sie sei die einzige Fahrerin auf der Insel«, übersetzt Marion.

Die Frau drückt aufs Gas. Als sie mit einem gewagten Überholmanöver gekonnt einen Stau umfährt, ruft Marion anerkennend: »Ein tüchtiges Mädchen!«

Die Straße schlängelt sich bergauf, bergab und ein Stück am Wasser entlang. Die Fahrt dauert etwa fünfundzwanzig Minuten. Forio ist ins Licht der Abendsonne getaucht. Der malerische Ort liegt direkt am Wasser. In den fünfziger Jahren war er eine Künstlerkolonie, wo sich deutsche und englische Maler ansiedelten. Damals zog er auch Schriftsteller aus aller Welt an, unter ihnen so berühmte wie Tennessee Williams und Truman Capote.

Wir erreichen den Hafen, wo zahlreiche Fischerboote im Wasser schaukeln. Hier gibt es viele Restaurants. Das Bussuola, das von einem Forianer und seiner deutschen Frau geführt wird, gehört seit Jahren zu Marions Stammlokalen.

Wenige Minuten später hält das Microtaxi vor der kleinen Gasse, die zum Haus führt und durch die kein Auto passt.

Auf dem Weg zum Haus kommt uns Restituta entgegen. Die kleine, energische Frau, Mutter von vier Kindern, stammt von der Insel. Sie kümmert sich um das Grundstück, seit Yvonne tot ist. Dabei helfen ihr manchmal die Kinder und ihr Mann, vor allem, wenn über den Winter der Garten gepflegt werden muss.

Das Gebäude ist ein altes Winzerhaus, groß, aber

sehr schlicht. Prachtvoll ist der weitläufige Garten, den Yvonne angelegt hat. Hier wachsen Gladiolen, Geranien, Palmen, ein Olivenbaum, Mandarinen-, Orangen- und Zitronenbäume, Hibiskus- und Mimosenbüsche. Eine gewaltige Pinie markiert das Ende des Gartens. Er ist ein kleines Paradies mit versteckten Winkeln, ein bunter Mikrokosmos, umrahmt von einer Mauer aus Tuffstein – zu Stein gewordener Lavaasche.

Marion zieht es als Erstes in den Garten. Restituta erklärt lebhaft gestikulierend, was alles getan werden musste, um den Garten in Ordnung zu halten. Wie schon beim letzten Besuch zeigt sie mit besorgtem Gesicht auf die riesige Pinie am Ende des Gartens: Sie ist krank. Restituta warnt, dass der Baum dringend gefällt werden müsse, sonst kippe er von allein um – es drohe ein »*grande disastro*«.

»Die haben Yvonne und ich vor vierzig Jahren zusammen gepflanzt, da war sie noch ganz klein«, sagt Marion, fast leise. »Ist 'ne gewisse Überwindung, sie zu fällen…« Sie überlegt und entscheidet dann: »Wir warten noch mal ab.«

Restituta ist wieder gegangen, wir haben unsere Zimmer bezogen, Koffer ausgepackt, haben das Nötigste eingekauft, ein kleines Abendessen eingenommen. Den Tag beenden wir traditionell in »Yvonnes Zimmer«.

In diesem Raum mit den fünf Meter hohen Wänden hatte Marions Schwester sich in den Jahrzehnten, die sie hier lebte, eingerichtet. Seit ihrem Tod ist das Zimmer unverändert geblieben. Es beherbergt einen großen Schrank, einen Schreibtisch, zwei Stühle, eine elegante, etwas abgenutzte Couch und einen alten Holztisch. Auf zwei hohen runden Tischchen stehen Lampen, die ein orangefarbenes Licht spenden. Auf dem alten Steinboden liegen einzelne Teppiche. In den Bücherregalen stapelt sich eine Mischung aus Belletristik und politischer Literatur.

Der Cognac von Marions vergangenem Besuch steht noch da. Wir stoßen an. Marion trinkt einen Schluck, stellt das kleine Glas auf den Tisch, hebt es wieder, entdeckt einen Fleck, wischt ihn weg und stellt das Glas wieder hin.

»Ach, ich hab noch was vergessen«, sagt sie.

Als sie wieder zurückkommt, hat sie eine Tafel Vollmilchschokolade in der Hand: die gehört zu Cognac einfach dazu. Wir reden nicht viel, die lange Anreise war doch anstrengend.

Auf dem Tisch liegt ein Buch, das Marion mitgebracht hat. Es ist das neuste von Michail Gorbatschow, das er ihr persönlich geschickt hat. Seit einigen Jahren sind die beiden befreundet. Kürzlich sagte er in einem Interview: »Für mich ist

Marion eine wunderbare Frau und eine gute Freundin. Mit ihr kann man sowohl über Politik als auch über das Leben offen reden.«

Bevor Marion sich in das Buch vertieft, stelle ich eine Frage: »Kannst du dich an deine erste Begegnung mit Gorbatschow erinnern? An den allerersten Eindruck?«

»Ja, natürlich. Offen und strahlend war er. Es ging was von ihm aus«, antwortet Marion und strahlt selber. »Er ist vor kurzem siebzig geworden, ich habe auch was geschrieben in der *Zeit*. Ich finde, er ist der größte Staatsmann der letzten vierzig Jahre. Er hat die Welt mehr verändert als irgendein anderer in diesen Jahren, und das ohne Krieg und Blutvergießen.«

Auch wenn Marion von der Reise erschöpft ist – beim Thema Politik wird sie immer hellwach. Sie fährt fort: »Wenn man bedenkt: Jahrzehntelang hatten Russen und Amerikaner aufgerüstet, allein die Amerikaner gaben dafür in jedem Jahr 300 Milliarden Dollar aus, eine unvorstellbare Summe. Und dann kommt da ein Mann und verändert die Welt, indem er sie mit anderen Augen betrachtet. Ich erinnere mich noch gut daran – 1985 hat er gleich in seiner ersten Rede gesagt, es stehe nirgends geschrieben, dass Russen und Amerikaner in Konfrontation leben müssten. Kurz darauf saßen die beiden Erzfeinde zusammen an einem Tisch, machten gemeinsam Politik. Damit war der Kalte Krieg beendet.«

Sie hat gerade einen Schluck Cognac getrunken, als das Telefon klingelt. »Das wird Hermann sein«, sagt sie, geht rüber zum Telefon, das am Eingang steht. »Hallo... Ja, hat alles gut geklappt... Nein, alles in Ordnung... Wir trinken den Cognac vom letzten Mal...«

Sie sprechen eine Weile, dann höre ich Marion sagen: »Ja, Liebchen, ja, ich geb ihn dir mal. Addio!«

Während ich mit Hermann spreche, sehe ich, dass Marion noch mal Cognac nachschenkt. Sie schaut zu mir rüber, hebt fragend mein Glas, ich nicke.

Als wir wieder zusammensitzen, fragt sie: »Wann kommt Julinka morgen eigentlich an?«

Meine Schwester hat sich kurzfristig angesagt. Sie will die gleiche Fähre nehmen wie wir.

Auf dem Fußboden steht ein altes ausgemustertes Radio aus den fünfziger Jahren. »Wir müssen mal sehen, ob man das noch mal reparieren kann«, meint Marion.

»Aber wir haben hier doch genug funktionierende Radios.«

»Ja...«, sagt sie, und es klingt fast ein wenig traurig. »Das ist wahr.«

Ich vermute, dass das Gerät noch von Yvonne stammt, weshalb ich mir den Vorschlag verkneife, es zu entsorgen, und Marion sagt auch nichts.

»Erinnerst du dich eigentlich an die ersten Radios in Ostpreußen?«, frage ich.

»Ja, sehr gut! Als in Königsberg das erste Radio ankam, ist meine Schwester Christa, die an allem Technischen interessiert war, gleich hingefahren, um sich das anzusehen. Und Yvonne erzählte oft von dem Besuch bei einer Tante, die ein solches Gerät erworben hatte. Yvonne kam in den Saal, und da saß am anderen Ende die Tante, hielt den Zeigefinger warnend vor den Mund: ›Pssst! Göttermusik!‹ Dabei, fand Yvonne, klang es wie Hagel auf einem Blechdach …«

Marion wirft einen Blick auf ihre Armbanduhr und sieht mich fragend an. Ja, wir sollten den Abend jetzt beenden.

»Wann wollen wir denn morgen frühstücken?«, fragt sie, obgleich hier wie bei ihr zu Hause in Blankenese immer um halb zehn gefrühstückt wird. Denn um neun Uhr hört Marion die Nachrichten im Radio, danach macht sie dies und jenes, und um halb zehn ist das Frühstück dran. Aber jetzt will sie, dass ich den Zeitpunkt vorschlage und sie nur zuzustimmen braucht. Es ist immer so, und meist tue ich ihr den Gefallen.

Diesmal aber sage ich zur Abwechslung: »Wie wäre es denn um neun?«

Marion überlegt fast demonstrativ: »Ich weiß nicht... Vielleicht etwas später?«

»Später geht auch, dann sagen wir doch zehn Uhr.«

»Nein, das finde ich etwas zu spät.«

»Viertel vor zehn?«

»Gut, sagen wir doch zwischen halb und Viertel vor zehn.« Marion hält abwartend inne. Dann fügt sie hinzu: »Also, ich fang dann mal kurz vor halb zehn unten an.«

»Ja, wollen wir dann nicht gleich halb zehn verabreden?«

»Einverstanden!«, sagt Marion zufrieden.

Nach dem Frühstück wird der Vormittag damit verbracht, etwas einzukaufen und all die Leute zu begrüßen, die an der Piazza im Zentrum von Forio arbeiten. Marion geht zuerst zu »Serpico«, einem Laden für Spezialitäten aus Ischia. Den Gründer Nicola, einen typischen Forianer, kennt sie, seit sie vor vierzig Jahren mit Yvonne zum ersten Mal auf die Insel gekommen ist. »Früher war das ein wunderhübscher Kerl«, erinnert sie.

Nun ist Nicola schon fast achtzig Jahre alt und ist nicht mehr jeden Tag im Laden. Wir haben aber

Glück. Marion und er setzen sich zum Plaudern auf den Rand des steinernen Brunnens.

Das Geschäft wird mittlerweile von Nicolas Sohn Alessandro geleitet, mit dem ich befreundet bin. Er spricht fließend Deutsch, seitdem er eine Ballettausbildung in Hamburg absolviert hat. Wir tauschen Neuigkeiten aus und verabreden uns für die kommenden Tage. Im Café Maria nebenan trinken wir alle zusammen noch einen Cappuccino. Eine herzliche Begrüßung gibt es auch mit dem alten Postkartenverkäufer – seit vierzig Jahren sprechen er und Marion immer mal kurz miteinander, wenn sie sich auf der Piazza begegnen.

Den Nachmittag verbringt Marion im Poseidon, einer komfortablen Thermalbadanlage am Meer, und ich gehe an den Strand. Am frühen Abend, die Sonne streift im Garten nur noch die obersten Wipfel des großen Olivenbaums, treffen wir uns im Haus wieder. Inzwischen ist auch Julinka eingetroffen.

»Jetzt müssen wir einen Sundowner trinken«, sagt Marion, »das macht man so, um diese Zeit.«

Mit Sundowner meint sie einen Campari Orange, der hier in der Regel in der Laube eingenommen wird. Eine gute Idee. Julinka und ich besorgen aus der Küche Gläser, Orangensaft und Eiswürfel. Die Campariflasche, das wertvollste Stück, will Marion sicherheitshalber selbst tragen. Als Julinka gerade ansetzt, die Gläser mit Campari zu füllen, ruft Marion: »Halt! Zuerst das Gelbe, dann das Rote, damit man die Mischung genauer bestimmen kann.« Julinka gießt also den Orangensaft ein, dann erst kommt unter Marions strengem Blick der rote Campari dazu.

»Stopp«, sagt Marion. Sie prüft die Mischung. Und wie immer findet sie: »Kleines bisschen kann noch.«

Von der Laube aus ist der Garten wunderbar zu überblicken. »Zu schön, dieser Garten«, sagt Marion. Sie erzählt, wie viel Arbeit Yvonne in ihn investiert hat. Ihre Schwester ist viel gereist und jedes Mal hat sie aus fernen Ländern Samen mitgebracht. Daher rührt die Vielfalt der Pflanzen.

Marion erklärt Yvonnes Theorie, die besagt, dass bestimmte Blumen und Bäume sich nicht mögen, andere dafür umso mehr. »Ich habe das zunächst für Unsinn gehalten«, gibt Marion zu. »Aber wenn eine Pflanze nicht gedeihen wollte und Yvonne glaubte, das läge womöglich an dem Baum neben ihr, setzte sie sie zum Beispiel neben den Orangenbaum, damit die sich anfreunden könnten, und tatsächlich blühte die Pflanze auf. Yvonne hat dieses System richtig perfektioniert.«

Der Garten ist eine Art Kunstwerk, das Yvonne

hinterlassen hat, daher ist Marion sehr darauf bedacht, dass er erhalten und gepflegt wird. »Also, ich bin bereit, heute zu gießen«, sagt sie. »Ihr könnt entscheiden, wer von euch es morgen macht, man muss jeweils eine Stunde wässern.«

Diese Art Anweisungen sind typisch für Marion – mal halten wir uns daran und mal nicht.

Marion kann nie untätig sein. In den ersten Ferientagen sind es meist formelle Dinge, die sie erledigt: Alle Bekannten auf der Insel müssen besucht oder eingeladen werden, auch gilt es, eine gewisse Reihenfolge einzuhalten. »Da sind sie hier sehr empfindlich.«

Als die Dämmerung einsetzt, sausen Fledermäuse im Zickzack durch die Luft, die Glocken der nahe gelegenen San-Vito-Kirche läuten schwer. Marion hat sich inzwischen zurückgezogen. Wir haben beschlossen, heute zu Hause zu essen. Julinka und ich übernehmen das Kochen. Marion wollte mithelfen, aber wir haben es ihr verboten. Das hat gute Gründe ...

In der Küche, ein Raum unter steinernem Gewölbe, duftet es nach angebratenen Zwiebeln. Julinka schnippelt Gemüse, während ich am Herd stehe. Eine Gemüsepfanne ist geplant. Der Grund, warum wir lieber ohne Marion in der Küche hantieren, ist einfach: Sie hat von Kochkunst keine

Ahnung, aber sie steht dennoch gerne dabei und mischt sich ein.

Es dauert nicht lange, da ist das Klacken von Absätzen auf der Treppe zu hören. Julinka und ich sehen uns an: So schnell hatten wir unsere Großtante eigentlich nicht erwartet.

»Das riecht ja schon sehr gut«, findet Marion und schaut in die Pfanne. »Was wird das?«

»Eine Gemüsepfanne.«

»Gemüsepfanne? Was ist denn das?«

»Na, einfach verschiedenes Gemüse in der Pfanne gebraten. Das essen wir mit Nudeln.«

»Hmm«, zweifelt Marion. »Ob das so gut passt?«

»Warum sollte das nicht passen?«

»Wäre es nicht besser mit Kartoffeln? Ist doch auch Gemüse.«

»Wir haben jetzt aber schon Nudeln gekocht.«

Marion geht hinüber zu Julinka, die gerade eine rote Paprika in Streifen schneidet. »Die Ellermann macht immer kleine Würfelchen«, gibt Marion zu bedenken.

Kurz darauf steht sie wieder neben mir und mustert die Zwiebeln. Ich warte auf einen Kommentar, aber es kommt keiner. »Du kannst doch schon mal den Tisch decken«, sage ich.

»Das hatte ich gerade vor«, antwortet sie.

Es ist tatsächlich so, dass Marion nahezu gar

nichts kochen kann. Selbst ein Spiegelei würde ihr Probleme machen. Allerdings gibt es eine Spezialität, die sie beherrscht und von der sie in Forio gern erzählt, wenn Freunde zu Besuch sind. »Ich kann etwas ganz Fabelhaftes kochen«, sagt sie dann, »nämlich...« – dabei sieht sie mich fragend an – »wie heißt das doch gleich?«

»Ketchup.«

»Richtig!« Sie ignoriert die irritierten Gesichter der Besucher und erklärt, wie sie dieses »Gericht« zubereite: »Es ist wirklich ganz einfach. Tomaten in eine Schüssel, ein Ei dazu und viel Zucker. Dann einmal umrühren oder auch zweimal, und dann ist es schon fertig.«

Ich habe nie erlebt, dass nach dieser Beschreibung irgendwer einmal nachgehakt hätte. Vielleicht liegt es an der echten Ernsthaftigkeit, mit der Marion das einzige ihr bekannte Rezept erläutert.

Zum Essen nehmen wir an einem langen Holztisch Platz. Zwei Kerzen stehen darauf, ebenso eine Flasche Wein, ein weißer von der Insel.

»Ist erstaunlich gut, diese Gemüsepfanne«, kommentiert Marion.

Sicherlich ist das Essen nicht schlecht, aber Marion ist in diesen Dingen wirklich bescheiden. Dass sie etwas »erstaunlich gut« findet, kommt häufig vor.

Marion erzählt von einem Bericht, den sie gerade im Radio gehört hat, in dem es um die geringe Anzahl von Frauen in Spitzenpositionen ging. »Eigentlich merkwürdig, denn die Frauen, die wir haben, sind besonders gut«, meint Marion.

»Wärst du für mehr Frauen in Spitzenpositionen?«, frage ich.

»Eigentlich ja. Schon um die Arroganz der Männer in Grenzen zu halten. Man darf nicht verallgemeinern, aber ich finde, dass die Eitelkeit der Männer schon ziemlich groß ist in der Politik. Manchmal auch im Journalismus. Ich habe den Eindruck, Frauen fällt es leichter, sich auf die Sache zu konzentrieren. Aber es ist sicherlich schwer für sie, sich da zu behaupten.«

»Hattest du denn früher Schwierigkeiten?«, fragt Julinka. Marion war in Deutschland die einzige Chefredakteurin einer politischen Zeitung.

»Das bin ich oft gefragt worden«, erzählt sie. »Aber nein, ich hatte nie Schwierigkeiten.«

Nach dem Essen gehen wir hinaus auf die Terrasse. Marion erzählt von einem Astronomen aus der ehemaligen DDR. Er hat einen Planetoiden entdeckt und diesen auf den Namen Marion Dönhoff getauft. Als wir in den Sternenhimmel schauen, sagt Marion: »Es ist komisch, als Kind habe ich immer gebetet: ›Lieber Gott, mach mich fromm, dass ich in den Himmel komm‹. Jetzt kann ich sagen: Ich bin schon da.«

Den Abend beschließen wir wieder in Yvonnes Zimmer. Wir setzen uns um den Couchtisch. Marion liest die *Herald Tribune,* Julinka und ich spielen Schach. Hin und wieder schaut Marion von ihrer Zeitung auf, mustert das Brett, die Figuren, verfolgt ein, zwei Züge, sagt aber nichts. Sie hat nie Schach gespielt.

Aber Rommé hat sie ein Mal mitgemacht. Das war vor genau einem Jahr, als meine Cousine Nicola uns auf die Insel begleitete. Eines Abends saßen wir, genau wie jetzt, hier in Yvonnes Zimmer, und wir brachten unserer Großtante das Kartenspiel bei. Das erste Spiel gewann Marion. Das war natürlich Anfängerglück. Das zweite und dritte gewann sie auch. Das war natürlich Zufall. »Anfängerglück«, sagten wir noch einmal. Marion wehrte sich: Anfängerglück könne man ihr nur beim ersten Gewinn unterstellen. Es war fortan leicht zu erkennen, dass Marion sich in den folgenden Spielen besonders konzentrierte, um noch einmal zu gewinnen. Ihr gelang es, die vierte und auch die fünfte Runde für sich zu entscheiden, und ihr Stolz war nicht zu übersehen. Nicola und ich waren nun richtig motiviert. Das sechste Spiel mussten wir endlich gewinnen. Nicola wollte gerade die Karten verteilen, da sagte Marion: »Ich glaube, ich habe genug.« Wir beschwerten uns, aber Marion wollte abbrechen. Wir beschwerten uns weiter, und schließlich konnten wir sie doch zu einer letzten Partie überreden. Und die verlor sie dann auch. Endlich.

Wie immer in Forio gehe ich auch in diesen Ferien im Mai 2001 jeden Morgen zur Piazza, um Zeitungen und Brot zu besorgen. Die deutschen Tageszeitungen sind hier ab halb neun Uhr zu haben. Ich kaufe meistens die *Süddeutsche,* manchmal die FAZ, die *Frankfurter Rundschau* oder die *Welt*. Manchmal alle zusammen, wenn etwas Besonderes passiert ist und wir die politischen Kommentare vergleichen wollen.

Als ich zurückkomme, steht der Tisch aus der Laube frisch gedeckt mitten im Garten. Marion und Julinka stehen in der Nähe und mustern eine Eidechse, die sich auf dem Tuffstein sonnt.

Wir setzen uns an den Tisch, Tee wird ausgeschenkt. »Nein, für mich doch keine Milch!«, sagt Marion, als Julinka ihr eingießen will. »Nie.«

»Nie?«

In ihrer Kindheit hat Marion in Ostpreußen einmal frische, warme Milch trinken müssen, »direkt aus dem Eimer neben der Kuh. Das war grässlich!«

Seither hat sie keine warme Milch mehr getrunken, und auch kalte meidet sie. Auf dem Tisch stehen zwei Marmeladen, die uns die Nachbarin herübergebracht hat. Es gibt auch Kochschinken und Käse. Das ist deswegen erwähnenswert, weil Marion früher darauf bestand, dass eines von beiden reichen müsse: entweder Wurst *oder* Käse. Inzwischen ist unsere Großtante auch in dieser Hinsicht großzügiger geworden.

»Habt ihr denn gut geschlafen?«, fragt sie.

Sie selbst sei sehr früh aufgewacht. Sie habe nicht wieder einschlafen können und in einem Buch über die deutschen Kanzler gelesen. Eine gute Gelegenheit, Marion in aller Ruhe zu befragen, denn im Laufe ihrer über fünfzig Jahre währenden Arbeit als politische Journalistin hat sie alle Kanzler persönlich kennengelernt.

»Wer hat dich am tiefsten beeindruckt?«, frage ich.

»Menschlich war es Willy Brandt. Ich glaube nicht, dass es in der Welt einen zweiten politischen Chef gibt, der im Feindesland vor einem Denkmal niederkniet. Er hat in der Welt ein vollkommen neues Bild der Deutschen entworfen. Weil er immer im Auge hatte, was wir Deutschen alles angerichtet haben. Es ist ein Jammer, dass er an dieser dummen Guillaume-Geschichte gescheitert ist.«

»Hast du Brandt persönlich gut gekannt?«

»Ich habe ihn oft getroffen, ja. Er hat mir damals geschrieben – und kein Lob hat mich mehr gefreut –, dass er seine Ostpolitik durchsetzen konnte, habe er auch der *Zeit* und mir zu verdanken. Gibst du mir noch ein bisschen Tee?«

Hier und da raschelt es im Gebüsch. Die Eidechse hat ihren Sonnenplatz verlassen. Die Morgensonne scheint jetzt in den ganzen Garten. Düfte steigen von den Blumen auf.

Gerhard Schröder ist nun seit drei Jahren Kanzler. Was hält Marion von ihm?

»Ich finde, dass er unglaublich lernfähig ist. Als er 1998 anfing, hatte man das Gefühl, er denke, mit seinem Lächeln und charmanten Werben schaffe er alles. Aber inzwischen macht er seinen Job sehr gut. Ich finde auch, dass er einige gute Leute ausgesucht hat: Der Innenminister ist gut, der Finanzminister ist sogar sehr gut, die Justizministerin auch, der Außenminister ist ganz hervorragend. Generell kann man sagen: Wenn in einer Regierung drei sehr gute Leute sitzen, ist das schon viel.«

Marion trinkt ihren Tee aus, bevor sie weiterspricht. »Der Tüchtigste, finde ich, war Helmut Schmidt. Er weiß: Ein Politiker muss erstens eine Situation richtig analysieren können, zweitens Entscheidungen treffen und drittens diese auch durchsetzen. Diese drei Qualitäten haben nur wenige.

Dem Schmidt geht es immer um das Ganze. Was über ihn selbst gesagt wird, ist ihm nicht so wichtig. Ich war am ruhigsten unter der Ägide von Schmidt, er war ein echter Staatsmann.«

Marion und er kennen sich seit der Zeit, als er Hamburger Innensenator war. Nach seiner Kanzlerschaft wurde er neben ihr Herausgeber der *Zeit*. Würde sie ihn als Freund bezeichnen?

»Ja. Auf ihn kann ich mich vollkommen verlassen. Wenn ich in Schwierigkeiten wäre und ihn zum Beispiel um drei Uhr nachts anrufen würde, würde er sofort kommen. Viele meinen, er sei arrogant. Er wirkt wohl so. Wenn er bei uns in die politische Konferenz kommt, sagt er nie guten Tag. Aber in Wahrheit ist er überhaupt nicht arrogant.«

Spricht er Marion manchmal auf einen ihrer Artikel an?

»Selten. Dann muss er schon sehr, sehr gut sein.«

Bei der Festveranstaltung zu seinem achtzigsten Geburtstag im Hamburger Thalia Theater 1999 hat Helmut Schmidt Marion von der Bühne aus ein besonderes Kompliment gemacht. In seiner Dankesrede sagte er, es gebe in seinem Leben drei Frauen, die er herausheben wolle: seine Frau Loki, seine Tochter Susanne – und Marion. Daran erinnert, sagt Marion nur: »Ja…« Und nach einer kleinen Pause: »Er ist ein ganz merkwürdiger Mann.«

Eine Hummel brummt über den Tisch. Marion schaut ihr nach, bis sie im Grünen verschwunden ist. »So eine dicke habe ich hier noch nie gesehen.« Sie blickt sich im Garten um: »Der Hibiskus hat sich prachtvoll entwickelt, Restituta hat wirklich Fabelhaftes geleistet.«

Dann wendet sie sich mir zu: »Und was leisten wir heute?«

»Heute leisten wir mal nichts«, antworte ich.

Früher wäre eine solche Antwort undenkbar gewesen. Marion hat hier auf der Insel immer ein Auge darauf, was die Jüngeren aus der Familie tun, wenn sie selbst oben an ihrem Schreibtisch arbeitet. Zeit muss sinnvoll genutzt werden. Gerne sucht sie Bücher aus, von denen sie meint, dass man sie gelesen haben sollte. Nützlich ist es auch, Italienisch-Vokabeln zu lernen, die sie dann abfragt. Unkrautzupfen gilt auch als sinnvoll. Es fällt ihr manchmal schwer zu glauben, dass junge Leute sich auch selbständig sinnvoll zu beschäftigen wissen.

»Gar nichts?«, fragt sie.

Ich nicke.

»Ist heute vielleicht mal keine schlechte Beschäftigung«, stimmt sie zu. Und sie meint es nicht ironisch. Sie schaut nach oben, wo ein kleines Flugzeug fliegt. »In so einem Ding bin ich mal nachts von Schweden nach Hamburg geflogen«, erzählt sie, »da hatte ich das einzige Mal Angst in meinem Leben.«

»Warum?«

»Der Pilot sah so jung aus, wie ein Schüler. Wir waren nur von Dunkelheit umgeben – in so einer kleinen Büchse fällt einem das besonders auf. Es schaukelte gewaltig. Ich habe geglaubt, wir kämen niemals an. Irgendwann sahen wir unter uns Lichter einer Stadt, und dieser junge Pilot meinte: ›Das ist Hamburg.‹ Ich dachte, das kann natürlich jeder behaupten. Aber es stellte sich heraus, dass er recht hatte.«

Die Glocke der San-Vito-Kirche schlägt elfmal.

»So«, sagt Marion und steht auf, »gleich ruft die Brauer an.«

Es ist Mittwoch, an diesem Tag und um diese Zeit meldet sich immer ihre Sekretärin. Sie informiert Marion über Anrufe und die wichtigste Post. Und Marion diktiert ihr Briefe, trifft Entscheidungen.

Eine Stunde später ist sie im Garten zurück. Sie muss los, zu den Poseidon-Thermen, sie hat einen Termin.

»Was machst du da?«, fragt Julinka.

Marion sieht mich an: »Wie heißt es doch gleich?«

»Shiatsu.«

»Ja! Ist was ganz Wundervolles«, schwärmt sie und erklärt: »Die Masseurin macht eigentlich nix Besonderes, und danach ist man trotzdem entspannt. Ist aber sehr teuer.« Marion überlegt. »Da gibt es offenbar bestimmte Stellen, die bei jedem Menschen die gleichen sind, und wenn man die mit dem Finger drückt, dann… Ist eigentlich schwer zu glauben, aber ich finde, dass es wirklich etwas bewirkt.«

Während Marion beim Shiatsu ist, sprechen Julinka und ich darüber, warum man sich in Gegenwart der Großtante und insbesondere im Ferienhaus auf Ischia manchmal unfrei fühlt. So interessant und vertraut es mit ihr ist, so anstrengend kann es auch sein. Ist Marion in der Nähe, soll immer irgendetwas erledigt werden, ist sie weit weg, hat man sie trotzdem im Hinterkopf; zum Beispiel, weil man sich mit ihr für später in der Stadt verabredet hat, und natürlich pünktlich sein muss. Aber warum fühlt man sich dadurch unfrei? Es ist wohl die Kombination von Anforderungen, die sie an uns stellt, und Verpflichtungen, denen Marion selbst mit eiserner Disziplin nachgeht. Sie gibt ein Tempo vor, das alle einzuhalten haben, vermutlich tut sie das in der Zeitungsredaktion genauso wie im Privatleben. Es geht ihr dabei immer um das Funktionieren einer Gemeinschaft, ganz so, wie sie es aus Ostpreußen kennt, als sie den landwirtschaftlichen Besitz verwaltete. Und was sinnvoll ist, das bestimmt sie. Darüber gibt es in ihrem Selbstverständnis keinen Zweifel, und es hat ja auch schon ihr ganzes Leben lang gut funktioniert.

Schon am Nachmittag entwickelt sich wieder eine ähnliche Situation. Als ich mich mit meiner Tasche über der Schulter auf den Weg zum Strand aufmache, steht Marion vor dem zerrupften Rhododendron. »Friedrich, du siehst aus, als wolltest du etwas Vernünftiges machen. Der Rhododendron muss dringend beschnitten werden, die Schere liegt in der Küche.«

»Ich habe aber was ganz anderes vor.«

»Und wann willst du es tun?«

»Jetzt jedenfalls nicht.«

Marion lässt nicht locker: »In diesem Hause ist es üblich, dass jeder etwas für den Garten macht – ich habe schon gegossen, und Julinka hat Unkraut gezupft.«

Sie sieht mich abwartend an, in ihrem Blick leuchtet die Überzeugung, dass sich die Dinge nun so entwickeln werden, wie sie es vorgesehen hat.

»Ich mache es irgendwann«, sage ich und gehe los.

Sie ist vermutlich weder beleidigt noch gekränkt,

eher erstaunt und in gewisser Weise interessiert: Es gibt immer wieder Überraschungen im Leben, mal sehen was sich schließlich daraus entwickeln wird.

Aber Marion kann auch sehr streng und einschüchternd werden. Viele haben das zu spüren bekommen. Zum Beispiel Alice Schwarzer. Sie schrieb die erste Biographie über Marion. In ihrem Vorwort bemerkt die Autorin, sie habe nie eine schwierigere Zusammenarbeit erlebt als mit Marion.

Alice kam im Herbst 1995 für zehn Tage nach Forio, um für ihr Buch zu recherchieren. Sie war eingeladen, mit Marion und mir im Haus zu wohnen. In diesen Tagen genoss Marion den Urlaub nicht, denn die zu erwartenden unangenehmen Fragen ihrer Biographin stressten sie schon im Voraus. Außerdem hatte sie in Dreierkonstellationen schnell den Verdacht, »das fünfte Rad am Wagen« zu sein.

Während Alices Aufenthalt kam es zu einer komischen Szene. Tagsüber war unangenehmes Wetter gewesen, und Marion wirkte gereizt. Nach dem Abendessen schlug sie Alice und mir vor, ob wir drei uns nicht noch mit einem Glas Wein in den Garten setzen wollten. Aber wir waren alle doch zu erschöpft und entschieden, den Abend früh zu beenden. Als Marion schon zu Bett gegangen war, brachten Alice und ich noch die Küche in Ordnung. Schließlich beschlossen wir, doch noch eine

Flasche Wein zu öffnen und uns in den Garten zu begeben. Wir empfanden schon ein leises schlechtes Gewissen gegenüber Marion, aber da sie wahrscheinlich schon schlief, würde sie den kleinen »Verrat« ja gar nicht bemerken. Mit einer Kerze und zwei Gläsern machten wir es uns also unter der Laube gemütlich.

Eine Stunde später, eben hatten wir noch einmal Wein nachgeschenkt, fiel plötzlich Licht in den Garten.

»Wo kommt denn das her?«, fragte Alice.

Das Licht kam eindeutig aus Marions Trakt. »Ich fürchte, Marion ist auf dem Weg hierher«, sagte ich.

»Was?!«, antwortete Alice erschrocken. »Ich bin weg!«

Sie schnappte ihr Glas, eilte, den Wein geschickt balancierend, durch den Lichtkegel und verschwand im Dunkel des Gartens.

Nun saß ich allein am Tisch im Schein der Kerze und wartete. Sollte Marion auftauchen, würde ich sagen, dass Alice schon ins Bett gegangen sei.

Minuten vergingen, aber Marion kam nicht. Aus dem Garten war außer einem sanften Rauschen nichts mehr zu hören.

Plötzlich wurde es wieder dunkel. Marion hatte den Lichtschalter in ihrem Bad ausgeknipst. Ich saß weitere Minuten allein da, es kam mir vor, als hätte ich die Szene nur geträumt.

Aber dann hörte ich ein Geräusch, und der Garten, der Alice eben noch verschluckt hatte, gab sie wieder frei. Sie erschien im Kerzenlicht und setzte sich wieder. Auf den Schrecken machten wir noch die Flasche leer, bis auch für uns der Abend zu Ende war.

In jenen Tagen nutzten wir ein spezielles Auto, um gelegentlich über die Insel zu fahren: einen uralten roten Fiat, bei dem, abgesehen vom Gaspedal, kaum etwas funktionierte. Das Auto war so klein, dass Marion am Steuer und Alice auf dem Beifahrersitz gerade so hineinpassten und ein komisches Bild abgaben.

Dieses Auto mietete Marion immer bei einem bestimmten Händler, den sie für entgegenkommend hielt, weil er ihr einen niedrigen Preis machte: vierzig Mark pro Tag. In Wahrheit war es ein damals fast normaler Preis, und ich vermute, dass der Autohändler die Schrottkiste – mehr war es wirklich nicht – nur für Marion im Angebot hielt, die sie zwei Mal im Jahr für jeweils drei Wochen mietete.

Bei diesem Fiat konnte man weder umstandslos einen Gang einlegen, geschweige denn überhaupt einsteigen, weil alle Türen klemmten. Und war man endlich eingestiegen, gingen die Türen kaum zu. All das war mühsam, einmal abgesehen vom Mangel an Sicherheit, was für Marion allerdings kein Kriterium war.

»Wäre es nicht sinnvoll, für zehn Mark mehr ein normales Auto zu mieten?«, fragte ich einmal.

»Ich finde, ein Auto muss fahren, und das tut es doch, da brauche ich doch kein Geld zu verschwenden«, entgegnete sie.

Zum regelrechten Streit kam es, als wir beide ein Restaurant oben auf dem Epomeo, dem höchsten Berg der Insel, besuchten. Es war Tradition, dass wir einmal in den Ferien dorthin fuhren, und zwar so, dass wir noch den Sonnenuntergang miterleben konnten. Wenn wir oben ankamen, bestellte Marion als Erstes immer Coniglio (Hasenbraten). Die Zubereitung dauerte eine halbe Stunde, und wir nutzten diese Zeit für einen kleinen Spaziergang, bei dem man einen schönen Blick auf die Insel hatte.

Unser Streit begann, als wir nach dem Essen – mittlerweile war es dunkel – losfuhren und ich am Steuer feststellte, dass die Scheinwerfer nicht richtig funktionierten. Außerdem hatte das Lenkrad zu viel Spiel, was ein Problem war, da die Straße in zahlreichen Kurven bergab geht. Mir platzte der Kragen.

»Ich finde es dämlich, ›nur‹ vierzig Mark zu bezahlen für ein Auto, das kaum mehr eins ist«, sagte ich. »Wir können froh sein, wenn wir ohne Unfall nach Hause kommen.«

Es dauerte einen Augenblick, und dann antwortete Marion mit ruhiger Stimme: »Ich finde, die Hauptsache ist, dass wir mit dem Leben davonkommen.«

Da musste ich lachen. Danach wurden wir uns wenigstens darüber einig, uns anzuschnallen. Aber als wir das versuchten, funktionierten auch die Gurte nicht.

Das ist nun Vergangenheit. Eines Tages stand der rote Fiat nicht mehr zur Verfügung, seither mieten wir ein stabileres Auto. Auch nutzen wir immer öfter den Bus. Und die meisten Strecken geht man ohnehin zu Fuß.

Zum Beispiel rüber zu Restituta und ihrer Familie, die Marion, Julinka und mich zum Pizzaessen eingeladen haben.

Die Pizzen werden in einem großen Ofen gebacken, und im selben Raum werden sie an einem langen Tisch verspeist. Marion isst gern Pizza, vor allem bei Restituta, bei der es wirklich gut schmeckt, aber wie immer schafft sie nur wenig. »Du musst bei mir mitessen«, flüstert sie mir zu.

Essen übrigzulassen ist nicht nur unhöflich, sondern geradezu unmöglich, besonders hier, findet

Marion. Auf ihrer anderen Seite sitzt Julinka. Als die einmal zur Seite schaut, schiebt Marion schnell ein Stück Pizza von ihrem auf Julinkas Teller. Niemand hat es bemerkt.

Ich kenne das Phänomen, dass mein Teller während eines Essens mit Marion im Restaurant nicht leerer, sondern voller wird. Es kommt auch vor, dass sie einem Gastgeber, der ihr zu viel Wein einschenkt, flink und meist unbemerkt ein paar Schlucke in dessen Glas zurückgießt.

Am nächsten Tag, als ich kurz bei Restituta reinschaue, gibt sie mir noch zwei Pizzen vom Vortag mit. »Aber noch heute essen!«, mahnt sie.

Marion steht mit den Händen in den Hüften mitten im Garten und schaut zum Himmel. »Heute Nachmittag könnte es windig werden, wir müssen Fenster und Türen gut schließen.«

Sie sieht die Tüte in meiner Hand. Als ich ihr von der Pizza erzähle, stellt sich heraus, dass wir heute mit anderen Nachbarn eine Verabredung zum Essen haben.

»Was machen wir denn jetzt?«, fragt Marion, und sie sieht wirklich besorgt aus. .

»Dann müssen wir sie eben wegschmeißen, das würde Restituta verstehen«, sage ich.

Marion antwortet nicht.

Julinka, die eben dazugekommen ist, schlägt vor, die Pizza draußen vor dem Haus an die Mauer zu lehnen, damit die beiden Hunde, die oft durch die Straße streunen, sich daran erfreuen können.

»Nein«, antwortet Marion entschieden, »das sieht die Restituta.«

Von dem Gedanken, dass Restituta die Pizza beim Spazierengehen entdecken könnte, ist Marion nicht abzubringen. »Wir müssen sie im Garten vergraben«, meint sie schließlich.

Julinka und ich lachen, aber Marion meint es ernst. Zu guter Letzt liegt die Pizza aber doch vor dem Haus, und kurz darauf haben die Hunde sie schon entsorgt.

Am Nachmittag weht von Westen her ein warmer Schirokko. Der Wind fährt in den Garten, die hohen Gladiolen schwanken, die feinen Gräser zittern, die gewaltigen Palmenwedel wippen auf und ab. Die Orangen schaukeln schwer am Baum, eine plumpst zu Boden.

Marion sitzt in Yvonnes Zimmer, telefoniert und arbeitet an einem Manuskript. Im Haus klappern Fenster, irgendwo knallt eine Tür.

Heute sind wir vorgewarnt. Aber oft kommt der Sturm überraschend. Im September des vergangenen Jahres sind Marion, Cousine Nicola und ich mit Freunden auf deren Motorboot mittags bei wunderbarem Sonnenschein zu einer Nachbarinsel getuckert, wo wir spazieren gingen und zum Essen gebratenen Fisch bekamen. Als wir das Boot zur Rückfahrt bestiegen, braute sich über uns etwas Dunkelgraues zusammen. Der Fahrer des Bootes mahnte zur Eile. Wir waren schon weit von der Insel weg, aber noch lange nicht in der Nähe Ischias, da schlugen die Wellen bereits meterhoch, und der Fahrer drückte aufs Gas. Wir saßen aneinandergekauert, aber schutzlos der Gischt ausgeliefert, die uns in Sekundenabständen ins Gesicht flog. Man musste aufpassen, nicht in hohem Bogen ins Meer zu fliegen. Ich rief dem Bootsführer zu: »Können wir etwas langsamer fahren?«

Dann sei es noch gefährlicher, brüllte der erfahrene Seemann zurück.

So vergingen bange Minuten, und ich hatte das Gefühl, es könnte diesmal knapp werden. Marion sagte auch nicht mehr viel. Nur mit einem Satz wandte sie sich an die Bekannte, die uns zu dem Ausflug eingeladen hatte: »Also, *ich* kann jedenfalls nicht schwimmen.«

Die Frau sah nun noch verängstigter aus.

Marion ist nie mehr schwimmen gegangen, nachdem sie im Alter von fünfzehn Jahren bei einem Autounfall, bei dem das Fahrzeug in einen Fluss gefallen war, fast ertrunken wäre. Es muss ein traumatisches Erlebnis gewesen sein, sie sprach öfter davon. Ich habe deshalb auch stets ihren Mut bewundert, sich trotz dieses Erlebnisses nicht von Schiffsreisen oder Bootsfahrten abhalten zu lassen.

Das Boot schoss weiter über die riesigen Wellen, und schließlich erreichten wir vollkommen durchnässt die Anlegestelle.

Der Schirokko wird von Stunde zu Stunde stärker, ich gehe noch einmal durch das Haus, um Türen und Fenster zu inspizieren. Alles fest geschlossen.

In der folgenden Nacht stürmt es gewaltig. Im ganzen Haus knirscht und quietscht es. Man fühlt sich den Naturgewalten ausgeliefert. Einschlafen ist unmöglich. Ich denke an die alte Pinie im Garten. Wie lange sie es wohl noch aushalten wird…

Am nächsten Tag herrscht Stille. Der Sturm ist weitergezogen. Der Garten ist ein wenig zerzaust, aber alles ist noch an seinem angestammten Platz. Die Luft ist klar, die Konturen so scharf, als würde man durch eine neue Brille schauen.

In der letzten Ferienwoche wird es von Tag zu Tag wärmer. Der Sommer kündigt sich an. Bevor die Hitze da ist, machen wir uns auf den Weg und verlassen die »Grüne Insel«.

# Zeit des Abschieds

Im Sommer desselben Jahres 2001 verschlechtert sich Marions Gesundheitszustand. Als Langzeitfolge der Krebsoperation hat sie Schmerzen im rechten Arm. Marion war nie schmerzempfindlich, aber jetzt sagt sie: »Mein Arm fühlt sich manchmal an, als würde ich ihn ins offene Feuer halten.«

Es muss gehandelt werden. Man entscheidet sich für eine Schmerzblockade. Schlagartig sind die Schmerzen weg, aber der Preis dafür ist hoch: Marion kann die rechte Hand kaum bewegen. Ihre Schreibhand. Sie kann den Stift nicht mehr halten.

Ich fürchte, das ist der Anfang vom Ende. In Marions Leben ist kaum ein Tag vergangen, an dem sie nicht irgendetwas geschrieben hat. Der Stift ist ihr Gefährte gewesen, das Bindeglied zwischen ihr und der Welt. »Der Bleistift ist mein verlängertes Gehirn«, hat sie einmal gesagt.

Trotzdem fährt sie auch jetzt konsequent jeden Tag ins Büro. Allerdings nicht mehr mit dem Bus, sondern mit einem Fahrer der *Zeit*, dessen Dienste sie nun bereitwillig annimmt. Sie bleibt nicht mehr den ganzen Tag, sondern nur vier, fünf Stunden. Sie bearbeitet ihre Post, diktiert Briefe, telefoniert und empfängt Besuch. Regelmäßig nimmt sie auch an den politischen Konferenzen teil, mischt sich immer wieder ein, steht zur Verfügung, wenn ihr Rat gefragt ist. Das Büro ist Marions geistiges und seelisches Zuhause. Ihre Präsenz in der Redaktion ist weiterhin für alle spürbar und selbstverständlich. Sie unternimmt noch einige Reisen, fährt zum Beispiel nach Irland, um Chris Bielenberg zu besuchen, eine gleichaltrige Freundin, deren Mann kurz zuvor gestorben ist. Nach Berlin fährt sie auf Einladung von Gerhard Schröder, der ihr das neue Kanzleramt zeigt.

Aber Marion hat aufgehört, Artikel zu verfassen, nur hin und wieder erscheint eine Glosse. Sie ist es gewohnt, auch ihre journalistischen Texte mit der Hand zu schreiben. Mit dem Manuskript ist sie immer in den Nachbarraum zu ihrer Mitarbeiterin Irene Brauer gegangen, hat sich schräg hinter sie gesetzt und ihr in die Schreibmaschine diktiert.

Ich frage Marion, ob sie nun, da sie nicht mit der Hand schreiben kann, nicht einfach diktieren wolle.

»Nein«, antwortet sie bestimmt. »Das geht nicht. Ich habe dazu auch keine Lust.«

Sie übt immer wieder mit links, aber es gelingt

ihr nicht. »Nicht einmal meinen eigenen Namen kann ich schreiben...«, sagt sie traurig.

In dieser Zeit erlebe ich zum ersten Mal einen Anflug von Resignation bei ihr. Und dann kehren auch die Schmerzen zurück, in Schüben. Eine erneute Blockade bleibt wirkungslos.

»Ich kann mittlerweile akzeptieren, dass ich nicht mehr schreiben kann, aber warum diese furchtbaren Schmerzen sein müssen, das verstehe ich nicht.«

Doch dann stellt sie fest, dass der Schmerz, wenn sie sich hinlegt und der Arm ruht, deutlich zurückgeht. Deshalb legt sie sich zu Hause oder im Büro gegebenenfalls aufs Sofa, und dann geht es ihr gleich besser. Und doch scheint ihr klar zu sein, dass der Prozess diesmal nicht mehr umzukehren ist. Für sie, die es gewohnt ist zu kämpfen, die mit eisernem Willen so viele Ziele erreicht hat, ist es eine ernüchternde Erfahrung. Der Körper setzt ihr endgültige Grenzen.

Sie nimmt es mit Würde. »Es ist sehr mühsam, sich als Rechtshänder daran zu gewöhnen, alles mit links zu machen. Aber manches geht dann ganz gut«, sagt sie.

Zum Beispiel das Essen. Wenn ich mittags zu Besuch bei ihr bin, esse ich manchmal aus Solidarität auch mit links, worüber wir gemeinsam lachen.

Für den Herbst hat Marion zwei weitere Reisen geplant: nach Paris und – wie immer im September – nach Ischia. Der Arzt rät ihr allerdings dringend davon ab. Das sei zu anstrengend. »Gut«, antwortet sie ihm, »Paris lasse ich ausfallen, aber nach Ischia werde ich auf jeden Fall fahren.«

Es ist allen klar, dass man sie von diesem Vorhaben nicht abbringen kann. Es wird ihre letzte Reise auf die Insel sein.

Marion bleibt auch danach aktiv, wird aber von Woche zu Woche zarter. In der Familie treffen wir die Regelung, dass möglichst oft jemand am Pumpenkamp zu Besuch ist, um Alltagsangelegenheiten zu regeln – im Grunde aber, um Marion zu eskortieren, wenn sie außerhalb ihres Hauses oder des Büros unterwegs ist. Abwechselnd kommen »ihre Kinder« Christian, Hermann und Christina. Nun ist fast immer jemand bei Marion – bis es ihr auf die Nerven geht und klar ist, dass man sie wieder ein paar Tage allein lassen sollte.

Sie formuliert es so: »Ich könnte mich sonst an euch gewöhnen.«

Es ist nicht leicht, für einen nahen Menschen, der ein Leben lang selbständig war und nun an der Schwelle zur Hilfsbedürftigkeit steht, das richtige Maß an Zuwendung zu finden, zu unterscheiden zwischen Hilfe, die wirklich notwendig ist, und Hilfe, die die Eigenständigkeit schwächt.

Doch im Großen und Ganzen genießt Marion es in dieser Zeit, die Familie um sich zu haben.

An einem Samstag lädt sie diejenigen Familienmitglieder, die gerade in Hamburg sind, zu einem Mittagessen in einem Restaurant ein. Hermann, Großnichte Tatjana, mein Bruder Philip mit Freundin Petra und ich finden uns um 13 Uhr zunächst bei Marion in Blankenese ein. Es ist ein ungewöhnlich warmer Tag im Oktober.

»Ich habe einen Tisch bestellt, im Sagebiehls auf der Terrasse«, teilt uns Marion mit. »Aber zuerst trinken wir einen Champagner, es gibt nämlich zwei Gründe zu feiern.«

Gespannt setzen wir uns um den Couchtisch, auf dem eine Flasche und Gläser warten. Marion gießt mit links ein. Dann erhebt sie ihr Glas: »Also, der erste Grund ist natürlich, dass wir hier alle zusammengekommen sind – auf euer Wohl!«

Nun sind wir gespannt auf den zweiten Grund. »Der zweite Grund zum Feiern ist ...«, Marion nickt in Richtung Dackel, der uns neugierig beobachtet: »Felix hat heute Geburtstag, er wird fünf!«

Wenige Autominuten später erreichen wir das Restaurant »Sagebiehls Fährhaus«. Es liegt auf einer Anhöhe, hoch über der Elbe. Von unserem

Tisch auf der großen Terrasse haben wir einen herrlichen Blick auf den breiten Fluss. Ein Motorboot rast über die Wellen, das Jauchzen der Insassen ist durch die frische Luft bis hier oben zu hören.

Beim Essen wird Familienklatsch ausgetauscht. Das ist nichts Ungewöhnliches. Neu ist nur, dass nicht schnell auf Politik umgeschwenkt wird. Das liegt wohl auch daran, dass Marion, die am Rand des Tisches sitzt, sich nicht mehr bemüht, die Themen vorzugeben, wie sie es sonst immer getan hat. Sie hört aber genau zu, jedenfalls die meiste Zeit. Und sie sieht zufrieden aus. Während die anderen über ein Familienfest sprechen, beobachtet sie amüsiert eine kleine Spinne, die umständlich über das Geländer, an dem unser Tisch steht, balanciert.

Im November taucht auf Empfehlung einer Verwandten ein polnischer Heiler auf. Marion empfängt ihn mehrmals in ihrem Büro, wo er mit ihr spricht und die Hand auflegt.

Sie glaubt daran, und es wirkt: Nach jedem Besuch ist Marion entspannt und zufrieden. Dass der Mann aus Polen stammt, also aus Richtung Heimat, mag ihr Vertrauen verstärken. Beeindruckt ist sie, als er sagt, er werde jeden Abend um Punkt halb neun an sie denken. Müsse sie denn auch an ihn denken?, fragt Marion den Mann. Nein, das brauche sie nicht. Trotzdem: Von nun an hält Marion fast täglich um diese Uhrzeit für einen Moment inne.

»Ich habe den Eindruck, dass die Schmerzen abnehmen«, sagt sie.

Am 2. Dezember wird Marion zweiundneunzig Jahre alt. Sie will dem Rummel um ihren Geburtstag unbedingt entfliehen. Wenn möglich, möchte sie sich auch nicht zu Hause aufhalten, um nicht irgendwelchen Überraschungsbesuchen ausgeliefert zu sein. Ihre Großnichte Tatjana schlägt ein kleines Essen vor, nur mit Familienmitgliedern, bei sich zu Hause in Hamburg-Eppendorf. So wird es gemacht.

Als im Laufe der Zusammenkunft das Thema Alter erörtert wird, erzählt Marion: »Ich kann sehr schlecht einschätzen, wie alt jemand ist. Für mich sind Menschen immer so alt, wie sie waren, als ich sie kennenlernte. Als Ted (Sommer) zum Beispiel zur *Zeit* kam, war er siebenundzwanzig. Im letzten Jahr hatte er einen runden Geburtstag. Als ich hörte, dass er siebzig geworden war, habe ich einen ziemlichen Schrecken bekommen.«

Wir sprechen darüber, dass Angehörige meiner Generation es selbstverständlich finden, dass die

Eltern, aber auch die Großeltern in demselben Jahrhundert geboren worden sind. »Das ist bei mir ganz anders«, wirft Marion ein. »Mein Großvater ist 1797 geboren, mein Vater 1845 und ich 1909 – jeder in einem anderen Jahrhundert.«

Dann fällt ihr noch etwas ein, das sie erheitert: »Ich war neulich auf einem Empfang und erzählte in einer kleinen Runde vom Großvater, der noch im achtzehnten Jahrhundert geboren wurde. Daraufhin guckte mich eine Dame verblüfft an: ›Das ist ja sensationell! Haben Sie den noch gekannt?‹«

# Die letzten Gespräche

»Irgendwann würde ich gern ein Buch über dich schreiben«, sage ich wenige Tage nach ihrem 92. Geburtstag zu Marion.

Ihre Antwort: »Okay, wenn du meinst, dass es jemanden interessiert.«

Wir verabreden, für dieses Vorhaben Gespräche aufzuzeichnen. »Ich bringe ein Aufnahmegerät aus dem Büro mit«, sagt Marion, und wir gucken uns ein Wochenende aus.

Das Kaminfeuer brennt. Marion setzt sich in ihren Sessel, ich mich ihr gegenüber. Dackel Felix gesellt sich zu uns und liegt nun lang ausgestreckt vor dem Kamin. Ich schalte das Aufnahmegerät an.

Marion, machst du dir eigentlich Gedanken über den Tod?

Ja… Das muss man jetzt auch. Früher bin ich gar nicht auf den Gedanken gekommen.

Und ist es unangenehm?

Nein, mich stört es gar nicht. Aber ich bin ja jemand, der eine starke religiöse Bindung hat. Das hilft natürlich.

Glaubst du an ein Leben nach den Tod?

Ich habe mir nie konkrete Vorstellungen gemacht. Ich gehe aber davon aus, dass da etwas kommt. Das habe ich immer getan. Aber ob ich da jemanden wiedertreffe, das habe ich nie konkretisiert. Nein, ich finde es auch ein bisschen anmaßend, sich darüber Gedanken zu machen, denn man kann eben nicht dahinterkommen. Wozu auch? *Sie schaut in den Raum und überlegt. Im Kamin knistert es. Nach einer längeren Pause spricht sie weiter.* Ich denke, dass alles seine Zeit und seinen Platz hat. Warum soll ich versuchen, mich vorher da einzumischen?

Aber kannst du dir nicht auch vorstellen, dass dann einfach alles vorbei ist?

Kann man sich auch vorstellen. Aber bedenke mal, wie viele Religionen sagen: Du stirbst hier, gehst weiter, und das, was du hier gemacht hast, wirkt sich woanders aus. Nein, ich finde, da darf man nichts ausschließen.

Du hast mal erzählt von jemandem, der zum Wahrsager geht, und meintest, das sei eigentlich eine Vorstufe zum Glauben.

Ja, in gewisser Weise ist das auch ein Glaube. Es reicht nicht ganz, aber immerhin. Es ist ein Gefühl für etwas, das mehr ist als sachlich, technisch.

Denkst du, dass es Menschen gibt, die wirklich wahrsagen können?

Ja, glaube ich schon. Es gibt sehr merkwürdige Dinge. Also, ich habe da keine Vorurteile. Ich glaube, dass sehr viel Schund darum getrieben wird, aber dass es trotzdem so etwas gibt.

Du hast schon mal vom Schutzengel gesprochen. Glaubst du, dass es ihn gibt?

Natürlich gibt es ihn. Ich habe einen ganz engen Schutzengel. Davon bin ich überzeugt.

Ist das ein Mann oder eine Frau?

Auch meinen Schutzengel stelle ich mir nicht konkret vor. Es ist etwas Abstraktes. Ich habe einfach die Gewissheit, dass mein Schutzengel da ist. Ich glaube, die Welt ist so, wie man sie sieht. Wenn du immerfort Katastrophen erwartest, dann werden sie auch kommen. Wenn du Vertrauen in bestimmte Dinge hast, dann gelingen sie auch.

Aber wie denkst du über deinen Schutzengel, wenn etwas mal ganz anders läuft, als du es gern hättest?

Dann sage ich mir: Ich irre mich. Ich bin auf dem falschen Weg, und mein Schutzengel hat mir das gezeigt. Ich würde mir immer sagen, der Schutzengel hat recht.

Hast du schon als Kind deinen Schutzengel gehabt?

Nee, bei Kindern wird immer nur vom lieben Gott gesprochen, nicht vom Schutzengel.

Und wie bist du zu deinem gekommen? Oder ist er zu dir gekommen?

Weiß man nicht, ist beides möglich.

Hast du denn auch in guten Zeiten an deinen Schutzengel gedacht?

Ja. Da danke ich ihm.

Also wird er nie vergessen?

Nein, nie. *In diesem Moment steht Felix auf und sieht Marion lange an...* Guck mal, jetzt versucht er wieder zu verstehen, worüber wir wohl reden. *Felix gibt ein kurzes Winseln von sich.* Ja, ich weiß, es ist ein Jammer, dass du kein Mensch geworden bist.

Glaubst du eigentlich an Schicksal?

Ja, sicher.

Auch an so eine Art Vorbestimmung?

Na ja, also das weiß ich nicht. Das ist wohl so ein Zusammenweben von Schicksal und eigenem Tun. Ich glaube schon, dass man viel selber dazutun muss.

Du hast mal gesagt, dass der Zufall für dich eine besondere Bedeutung hat. Wieso eigentlich?

Ich hatte darüber nachgedacht, ob und wie geradlinig ich mein Leben lebe. Mir wurde klar, dass ich noch nie irgendetwas geplant, sondern immer auf den Zufall gewartet habe – dann habe ich ihn gepackt und versucht, etwas Vernünftiges daraus zu machen. Viele Menschen meinen, man könne alles planen, aber das ist eben ein Irrtum. Wenn man Vertrauen in den Zufall hat und sich gewiss ist, dass es eine höhere Macht gibt, die das Leben ordnet, das des Einzelnen und das der Gemeinschaft und der Völker, dann braucht man sich auch nicht so furchtbar aufzuregen. Ich glaube fest, dass es so ist. Der Zufall ist die Antithese der Planung. Es ist eine große Stütze und Stärke, wenn man dieses sichere Gefühl hat.

Bist du denn zufrieden mit dem, was dir in deinem Leben zugefallen ist?

Doch, ich bin eigentlich zufrieden. Obgleich ziemlich viel Trauriges dabei war, muss ich sagen. Aber ich glaube, wenn mir das so zugemutet worden ist, dann musste es so sein. Dann musste ich das durchleben, um irgendetwas daraus zu lernen. Das ist mir ganz klar.

Hast du das schon als Kind so empfunden?

Nein, überhaupt nicht. Bei uns spielte Religion natürlich eine große Rolle. Aber ich bin dann irgendwann selbst darauf gekommen. Ich hatte ja diesen Unfall, als ich fünfzehn Jahre alt war. Wir kamen von der Ostsee, es war schon dunkel, der Fahrer passte nicht auf, und das Auto kam in einer Kurve von der Straße ab. Es fiel in den großen Fluss, und sofort schoss das Wasser herein. Das Auto ging gleich runter bis auf den Grund. Wenn du da unten eingeschlossen bist und über dir zehn Meter Wasser sind – das ist schon beeindruckend. Zwei sind gestorben, ich war die letzte Überlebende, die da rauskam. Ich weiß noch genau, wie es war, als ich wieder nach oben an die Wasseroberfläche kam, eigentlich schon am Ende, weil ich doch eine ganze Weile keine Luft bekommen hatte. Da sehe ich noch ganz genau die Scheinwerfer der Autos oben am Kai, die aufs Wasser leuchteten, und vor dem Licht die Silhouetten der aufgeregten Leute. Und dann hörte ich die Stimme meines Bruders Heini, der meinen Namen rief. Von oben haben sie Mäntel runtergehängt, ich habe mich festgehalten, mit letzter Kraft. Sie haben mich dann hochgezogen. Und dann überlegt man irgendwann schon: Warum habe gerade ich überlebt?

Gibt es Dinge, von denen du denkst: »Schade, dass der Zufall mir das nicht zugespielt hat«?

Nein, wüsste ich nicht. Also, zum Beispiel: Ich wollte ursprünglich in die Wissenschaft – aber durch Zufall bin ich zu einer Zeitung gekommen. Und da ich auch immer schreiben wollte, bin ich sehr zufrieden.

Was steckt für dich hinter dem Zufall?

Hinter dem Glauben an den Zufall steht die Gewissheit, dass da etwas ist, was das Ganze ordnet. Jemand, der nur ganz sachlich produziert, Geld verdient und konsumiert, für den ist das wohl anders. In einer Gesellschaft geht es aber nicht ohne ein gewisses Maß an ethischem Minimalkonsens. Wenn jeder nur an sich glaubt und denkt, er müsse in der Marktwirtschaft triumphieren, wenn das der Maßstab ist, dann ist das wirklich ein bisschen trostlos. Ich glaube aber, dass die Leute langsam dahinterkommen.

Und die Kirchen?

Die sind auch zu sehr eingeschlossen in das System. Also, da wird genau gezählt: Wie viele Leute kommen zu uns und nicht zu denen? Das ist ähnlich wie die Einschaltquoten beim Fernsehen oder die Auflage bei Zeitungen. Und dann haben die Kirchen am Anfang auch alles zu bürokratisch betrachtet. Beide Kirchen.

Würdest du dich als religiösen Menschen bezeichnen?

Ja, doch. Könnte ohne das nicht leben, glaube ich.

Du bist evangelisch. Findest du die Zugehörigkeit zu einer bestimmten Konfession wichtig?

Ob katholisch oder evangelisch, ist mir völlig egal. Ich kann mich auch nicht darüber aufregen, ob jemand ein Muselmane ist oder ein Buddhist oder so. Ich finde, sie sind alle gleich nah dran am Zentrum.

Was meinst du denn mit Zentrum?

Das Göttliche, das alle anerkennen. Alle haben einen Bezug dazu, darum ist es das Zentrum. Und wenn man mit sich und dem Zentrum im Reinen ist, wenn man also nicht selber im Mittelpunkt steht, sondern das Zentrum über sich weiß, dann spielt die Frage, ob man sich wohl fühlt oder nicht, eigentlich keine Rolle. *Felix bekommt plötzlich einen Rappel und rast im Kreis durch den Raum. Marion lacht. Nach drei Runden springt der Dackel in sein Körbchen auf dem Flur.* Er ist ziemlich verrückt, muss ich sagen.

Ich hab ja, nicht zuletzt auch auf deinen Rat hin, Zivildienst gemacht. Was würdest du heute raten?

Zivildienst, unbedingt.

Warum?

Weil ich alles, was mit Waffen zu tun hat, als eine Versuchung zu falscher Schlussfolgerung empfinde. Dass man denkt, mit mehr Bewaffnung könne man mehr erreichen, ist letztendlich Blödsinn. Man kann wie Kennedy rüsten und reden. Ich glaube, theoretisch ist das sogar richtig. Aber es kommt darauf an, wer es macht. Bei einem wie Bush hat das wenig Sinn. Alleine reden ist gut. Aber alleine rüsten ist ganz schlecht. Außerdem erlangt man mit vielen Waffen gar nicht so viel Macht, wie man denkt. Was nützt den Amerikanern ihre Atombombe? Sie können sie sowieso nicht abwerfen.

Wieso nicht?

Weil es ihr eigenes Ende bedeuten würde. Nein, Macht bekommt man anders, durch Energie zum Beispiel. Wer Öl hat, hat Macht. Oder was noch kommt: Wasser. Ich finde, durch den Zivildienst kann man lernen, dass die wichtigen Punkte ganz woanders sitzen als bei der Frage der Macht.

Du hast dich immer sehr für Chancengleichheit eingesetzt. Ist Deutschland da deiner Meinung nach weitergekommen?

Also, angeblich haben alle die gleichen Chancen. Trotzdem wird die Schere zwischen Arm und Reich immer größer. Kinder, die in sozialen Randgebieten aufwachsen, haben natürlich wenig Chancen, die haben die Umgebung nicht, die Bildung nicht. In Wahrheit ist es eine Klassenkampfsituation, die sich da heranbildet. Wenn ich Taxi fahre, spreche ich viel mit den Fahrern. Letzte Woche hatte ich gleich zwei, die waren ganz wütend über die hohen Abfindungen und Löhne, die diese Vorstände bekommen. Zehn Millionen Abfindung für einen Chef, so eine Zahl hat man ja früher gar nicht erfahren. Und dann die Cliquenwirtschaft – jeder hilft jedem in seiner Gruppe, und so helfen die Reichen sich gegenseitig und gestalten auch die Steuern entsprechend. Immer predigen sie: Freiheit, Pluralität und Gerechtigkeit. Aber wo ist die

Gerechtigkeit? Das ist ein ganz wichtiges Thema, das kann allen Demokratien wirklich noch gefährlich werden. – Was meinst du, haben wir für heute genug geleistet?

Marion und ich bleiben noch eine Weile vor dem Feuer sitzen und plaudern über dies und jenes. Später muss sie noch Telefonate erledigen und will noch ein wenig arbeiten. Wir verabreden, das Gespräch am nächsten Tag fortzusetzen.

*

Als ich am Sonntag das Zimmer betrete, sitzt Marion an ihrem Schreibtisch und ordnet Papiere. Die Sonne blinzelt durch die Äste der Bäume und wirft kleine Schimmer in den Raum. Ein vertrautes und zeitloses Bild.

Zur Stärkung gibt es zunächst einmal ein Mittagessen.

Zwischendurch kommt Frau Ellermann zu uns an den Tisch: »Das Putensteak ist gut, nicht?«

»Ja, sehr«, antworte ich.

»Und der Kartoffelbrei auch, nicht wahr? Sind Kartoffeln aus der Heide.«

»Ja, finde ich auch sehr gut.«

Frau Ellermann sieht Marion an, die stumm bleibt. »Und die Gräfin sagt gar nichts.«

»Ich finde, der Kartoffelbrei schmeckt heute ganz schlecht«, sagt Marion.

Frau Ellermann lacht laut auf: »Ihre Tante will mich wieder ärgern. Aber ich weiß ja, wie man guten Kartoffelbrei macht.«

»Kriegen wir denn hinterher noch einen Kaffee?«, fragt Marion.

»Ja, Gräfin, wenn Sie wollen…«

Marion sieht mich an: »Was meinst du?«

Ein paar Minuten später steht der Kaffee auf dem Kaminsims, daneben ein Teller mit Schokoladenkeksen. Wir wechseln vom Esstisch zum Kamin. Ich hole das Aufnahmegerät. Als ich zurückkomme, sitzt Marion auf dem Sofa und kaut. »Ich habe schon mal einen Keks gegessen, damit wir die übrigen gerecht unter uns beiden aufteilen können«, erklärt sie belustigt. »Denn Gerechtigkeit muss sein.«

Sie schenkt Kaffee ein. Als ich die Sahne in die Hand nehme, sagt sie: »Ich mach das lieber selber.« Zum Kaffee nimmt sie ein Stück Zucker und legt es auf die Untertasse – es kommt später dran.

Marion schaut noch eine Weile in den Kamin: »Meine Schmerzen sind ähnlich wie das Feuer; die großen Schmerzen, die schießen auch so wie Flammen. Aber jetzt geht's gut, wir können anfangen.«

Wir haben ja bald Weihnachten; wurde eigentlich bei euch in Friedrichstein Weihnachten groß gefeiert?

Ja. Und es ging sehr religiös vor sich. Da wurde gelesen, gesungen, gebetet. Die Stimmung und die Einstellung waren ganz anders als heutzutage, wo es doch hauptsächlich um Geschenke geht.

Gab es denn auch Geschenke?

Ja, natürlich, das war 'ne große Sache. Erst wurden sie mühsam eingepackt und dann furchtbar mühsam wieder ausgepackt.

Wer schmückte den Baum?

Wir Kinder. Die Mutter spielte die Andacht auf einem Harmonium. Das war eine längere Angelegenheit. Gebet, Gesang, Lesung, das gehörte zusammen. Ansonsten fand das aber auch an jedem Morgen statt, dann natürlich kürzer. Da kamen auch die Angestellten, die Mädchen und auch die Kutscher. In Friedrichstein war es eine Gemeinschaft, die jeden Morgen mit christlichen Vorstellungen begann. Das gehörte zum Leben dazu.

Herrschte dort insgesamt eine religiöse Atmosphäre?

Kann man so nicht sagen, es war natürlich auch sehr viel Welt da. Weltpolitik und Wirtschaft spielten eine große Rolle.

Hast du eigentlich die christlichen Rituale aus deinem Elternhaus übernommen?

Ich hab natürlich nicht dieses gewisse Bürokratische übernommen, also jeden Morgen Andacht und so. Aber es bleibt doch, dass man ohne das nicht leben kann. Heute hat man alles Religiöse abgeschafft, deswegen fallen die Leute ja auf so Sachen rein, die sie als fabelhaften Fortschritt empfinden – dass sie irgendetwas mit den Genen entdeckt haben, dass sie nun alle Augen blau machen können, die Haut weiß oder braun. Aber worin sich die Gefühlswelt ausdrückt, was für die Intelligenz und die Vernunft verantwortlich ist, das scheint überhaupt keine Rolle zu spielen. – Nimm dir noch Kaffee. *Sie selbst trinkt, bis ihre Tasse zur Hälfte leer ist. Jetzt nimmt sie das Zuckerstückchen, tunkt es in den Kaffee und isst es auf.*

Hat dich die Gentechnik-Debatte interessiert?

Nein. Aber auch weil die Leute zu viel darüber schwätzen, ohne genug davon zu verstehen. Zum Beispiel als vor einiger Zeit das Thema Stammzellen aufkam. Da haben die bei uns in der politischen Konferenz heftig über die Folgen diskutiert. Irgendwann fragte ich, was Stammzellen eigentlich sind. »Ja, was sind Stammzellen eigentlich?«, fragten die sich nun. Es wusste keiner ... – Du musst deinen Kaffee trinken, sonst wird er kalt.

Denkst du denn, dass die Menschen mit der Gentechnik so weit gehen, wie sie können?

Ja, natürlich, Menschen gehen immer so weit, wie sie können. Grenzen setzen ja alle möglichen Dinge. Zu zeigen, was man darüber hinaus kann, das finden Menschen spannend. Mit der Technik sind wir ja nur so weit gekommen, weil die Menschen immer weiter schweifen. Und da spielt ja die Mode eine große Rolle, also die Frage: Was steht im Zentrum des Interesses? Vor dem 18. Jahrhundert waren es Geist und Dichtung, ohne das konnte man sich ein kultiviertes Land gar nicht vorstellen. Dann kam die Zeit der Aufklärung und der Vernunft, und alles wurde versachlicht. Es wurden dann alle diese technischen Dinge erfunden: Telefon, Glühbirne, Eisenbahn. Man war vollkommen beschäftigt damit, die Möglichkeiten zu ergründen. Und dann findet man es nach dreißig, vierzig Jahren langweilig, und es kommt wieder was anderes. Es kommt immer auf die Mode an. – Ich glaube, du solltest noch mal Holz ins Feuer legen, es schwächelt schon. *Ich lege gleich zwei Scheite in den Kamin, und das Feuer lodert wieder auf.* Sehr schön! Noch mal zur Mode: Ich glaube, das Bedürfnis der Menschen, sich anzupassen, ist doch sehr groß. Das Bedürfnis, eine gemeinsame Front aufzubauen und sich nicht zu unterscheiden, nicht wahr? Ich selber würde nie irgendeine Mode mitmachen, das finde ich auch entwürdigend, eigentlich. Und was Mode wird, kann man nie wissen.

Kann man nicht?

Nein, du wusstest ja auch nicht, dass ihr alle auf der Straße diese Turnschuhe tragen würdet. Oder Lederjacken... Und diese psychologische Grundlage des Modischen überträgt sich auf alle Gebiete: Politik, Wirtschaft, Börse natürlich. Aber auch Gesellschaftspolitik. Erst müssen alle dieselbe Frisur haben, dann brauchen die Männer unbedingt Koteletten, dann müssen die wieder ab und so weiter. Oder dieselbe Art zu gehen. Ist ja auch komisch, wenn man guckt, wie die Frauen heute auf der Straße gehen: Früher mussten sie Trippelschrittchen machen, weil sie anders als Männer sind. Heute müssen sie zeigen, dass sie wie Männer sind, und große breite Schritte machen.

Ist mir gar nicht aufgefallen.

Doch, musst du mal drauf achten. Na ja, du hast die Trippelschrittchen nicht mehr erlebt. In Filmen kann man das noch sehen.

Hast du auch Trippelschrittchen gemacht, als Journalistin?
Nee, die waren ja vor dem Zweiten Weltkrieg.

Also hast du dich vorm Krieg in Trippelschrittchen bewegt, in Ostpreußen oder bei deinen Reisen durch Afrika? ...
*Marion lacht.* Nein, das habe ich nicht. Das wäre mir auch zu mühsam gewesen. *Sie nimmt sich noch Kaffee.* Wir müssen den austrinken, sonst ist Frau Ellermann traurig. *Sie gießt mir auch ein wenig ein.*

Ich habe den Eindruck, Frommsein ist ein bisschen in Mode.
Ja, es hat nie so viele Sekten und komische Glaubensgruppen gegeben wie heute. Ich glaube, das kommt, weil die Menschen eben spüren, dass es mehr geben muss als nur das Streben nach persönlichem Ansehen, Karriere und Geld. Das Bewusstsein der Menschen müsste sich verändern, zu einem stärkeren Sinn für Gemeinschaft. Dazu muss jeder Einzelne etwas leisten, das kann ihm niemand abnehmen. Eine Gesellschaft, in der jeder nur an sich denkt, kann auf Dauer nicht existieren.

Man hat auch letztendlich mehr davon, wenn man etwas für andere tut. Ich selber habe natürlich auch viel mehr davon, dass ich alles überschüssige Geld nicht auf meinem Konto ansammele, sondern in meine Stiftung stecke. Wenn mir zum Beispiel ein polnischer Intellektueller schreibt, er sei sehr glücklich, weil er durch die finanzielle Unterstützung zwei Monate lang in deutschen Bibliotheken forschen kann, dann macht mir das natürlich auch Freude.

Gab es in Ostpreußen eine Gleichberechtigung der Frauen, also ich meine zum Beispiel bei uns in der Familie?

Eher nicht, würde ich sagen. Also, die Töchter wurden schlechter ausgebildet als die Söhne. Ich bin ja während dem Ersten Weltkrieg aufgewachsen, als Jüngste von acht Kindern. Da war ganz egal, was ich lernte. Ich bräuchte keinen Lehrer, hieß es. Da gab mir mal jeder, der gerade zufällig da war, Unterricht: die Sekretärin des Vaters oder die Geschwister oder wer auch immer. Das hatte man bei den Jungs so nicht gemacht. Allerdings hing die bessere Ausbildung für die Söhne auch damit zusammen, dass sie den Familiennamen darstellten. Spielte natürlich auch eine Rolle.

Gab es trotzdem Frauen, die gebildet waren?

Doch, gab es schon …

War deine Mutter gebildet?

Ja, aber sie hatte keinen Ehrgeiz, was das betraf. Sie schickte sich eher in dieses konventionelle Bild: Männer und Frauen. Das ist ja eigentlich erst in den letzten dreißig, vierzig Jahren verändert worden.

Du bist in deinem Leben viel gereist. Kannst du dich noch an deine ersten Reisen erinnern?

In den dreißiger Jahren habe ich mit Yvonne das ganze Baltikum bereist. Das war in meinem ersten Auto, einem weißen Sportwagen mit roten Sitzen. Also, das war immer sensationell, wenn wir beiden Frauen allein darin herumfuhren. Yvonne war ja neun Jahre älter als ich und schon verheiratet. Ihr Mann war rührend. Er war natürlich entsetzt bei der Vorstellung, dass wir beide allein durch die baltischen Staaten reisen, aber er ließ sie immer machen.

Woher kam bei so einer Reise das Benzin?

Das war sehr schwierig. Man musste genau wissen, wann und wo wieder mal eine Tankstelle kommt, es gab ja nur ganz wenige damals. Also, man musste sich schon gut vorbereiten. Und dann kam es alles immer anders, trotzdem.

Es gab damals noch keine Kreditkarten oder Geldautomaten, wie habt ihr das Geld geregelt?

Unser Geld hatte ich natürlich immer in bar dabei in einem Umschlag. Den habe ich nachts unter mein Kopfkissen gelegt. Und da kann ich mich noch gut erinnern: An einem Morgen, als Yvonne und ich gerade losfuhren, hörte ich die Wirtin laut meinen Namen rufen. Ich drehte mich um, und da lehnte sie sich weit aus dem Fenster und winkte mit meinem Umschlag in der Hand...

Euch beide im Sportwagen kann ich mir sehr gut vorstellen. Ich erinnere mich noch an eine Szene in Hamburg: Wir waren verabredet vor einem Restaurant. Plötzlich rauschte ein blauer Porsche heran, Kieselsteine spritzten weg. Eine Frau empörte sich und war dann bass erstaunt, als die Türen des Porsches sich öffneten und zwei weißhaarige Damen ausstiegen – das wart ihr!

*Marion lacht.* Später, als Journalistin, habe ich in den fünfziger und sechziger Jahren viele Reisen durch Afrika und den Vorderen Orient gemacht. Ich erinnere mich noch genau daran, wie ich – um Geld zu sparen – im vollbepackten Gemeinschaftstaxi von Amman quer durch die Wüste nach Bagdad gefahren bin. Da saß jemand neben mir mit einer großen Vase, die wurde zwischen unsere Beine gestellt, die quetschte irrsinnig meine Füße. Ständig hielt man an, dann wurde gebetet, oder man nahm noch jemanden auf. Also, man wusste nie, ob man überhaupt jemals ankommt. Aber ich habe immer darauf vertraut: Irgendwie geht es schon. Über diese Reisen habe ich Reportagen gemacht für die *Zeit*.

Hast du dir noch vor Ort Notizen gemacht?

Ja, ich habe kleine Notizen gemacht am Abend. Aber im Ganzen musste man es als Bild bewahren. *Marion nimmt sich noch ein Stück Zucker, tunkt es in den Kaffee.* Eine interessante Frage ist ja: Ist die Welt begreiflicher geworden, seitdem wir so viel mehr Details von ihr wissen, oder ist die Welt immer gleich unbegreiflich? Lernt man die Welt besser verstehen durch Reisen oder eigentlich nicht?

War Reisen für die Dönhoffs in Ostpreußen etwas Selbstverständliches?

O ja. Die waren alle bekannt dafür. Und zu Hause war immer die furchtbare Ungewissheit in der Familie: Wann kommt er wieder? Passiert ihm nichts? Vielleicht lebt er gar nicht mehr, und wir haben es noch nicht gehört? Es dauerte ja Monate, bis so 'ne Flaschenpost von irgendwo ankam. Telefon gab es natürlich noch nicht.

In Friedrichstein war es doch so, dass die Alten alle irgendwann zurückkehren durften?

Ja, das war in dem Fideikommissrecht vorgesehen: Die Söhne kriegen eine komplette Ausbildung, die Mädchen eine Aussteuer, und wenn sie alt sind, können sie alle wieder zurückkommen, wenn sie wollen.

Und kamen sie zurück?

Ja. An sich fand ich das ganz schön. Die Besitze wurden nicht aufgesplittet, sondern blieben in einer Hand, aber der Besitzer konnte nicht frei verfügen, das war schon 'ne sehr weise Einrichtung.

Erinnerst du dich an alte Leute in Friedrichstein?

An Onkel Karl, den Bruder meines Vaters, erinnere ich mich. Der hat mich mal als Kind furchtbar erschreckt – er war schon sehr alt und ein bisserl verwirrt, und wenn man ins Zimmer kam, dann verbeugte er sich, und man hatte das Gefühl, er denkt, da kommt irgendein Herzog. *Marion stochert im Kamin.* Sieh mal, wie schön die Glut schimmert.

Ich glaube, die meisten Leute wissen gar nicht, welche große Rolle Natur und Tiere in deinem Leben spielen ...

Tiere habe ich sehr gern. Pferde vor allem, aber auch Hunde. Katzen weniger. Ja, die Natur ist mir sehr vertraut. Bäume sind mir wichtiger als Menschen – manchmal jedenfalls. Ich bin ja ein Landmensch, da ist wohl auch ein Schuss Heimweh mit dabei. Wenn du die Elbe entlangfährst; die Eichen, phantastisch! Manche Stadtmenschen sind verwundert, dass man auf Bäume achtet. Einige denken sicher, das Vernünftigste wäre, an der ganzen Elbchaussee im Frühjahr die Eichen abzuhacken, damit man im Herbst die Blätter nicht einsammeln muss. – Ich würde sagen, wir machen jetzt eine Pause, nicht?

Schließlich ist doch noch Kaffee übrig. Er ist nun kalt. Wie immer in diesem Fall wird die Terrassentür geöffnet und der Rest direkt um die Ecke in die Hecke gekippt, damit keine Flecken auf dem Steinboden der Terrasse entstehen.

»Sonst denkt die Ellermann, wir hätten ihren Kaffee nicht gemocht«, befürchtet Marion.

Nachdem Marion gestorben war und ich Frau Ellermann besuchte, die noch ein paar Monate in ihrer Wohnung in Marions Haus wohnen blieb, schlug sie vor: »Kippen Sie den kalten Kaffee doch in die Hecke, das hat die Gräfin auch immer gemacht...«

*

In diesen Dezembertagen bin ich öfter am Pumpenkamp als sonst. Es gibt immer einiges zu tun. An einem späten Nachmittag, es ist ein kalter, verregneter Tag, stehen wir vor der großen Fensterscheibe und schauen eine Weile in den winterlichen Garten. Die Gartenmöbel, die wir so oft benutzt haben, stehen noch auf der Terrasse.

»Die werden wir wohl nicht mehr brauchen«, meint Marion. »Ob du sie in den Keller bringst?«

Ich ziehe mir keine Jacke an. Das wird schnell gehen. Die beiden Stühle, die auch als Liege nutzbar sind, müssen zusammengeklappt werden, ebenso der Tisch. Ein paar Handgriffe, ein Quietschen, die Möbel stemmen, und schon ist alles erledigt.

Eigenartig ist aber die Vorstellung, dass Tisch und Stühle hier im nächsten Sommer wahrscheinlich nicht mehr aufgebaut werden. Eigenartig ist die Empfindung, dass dieses Quietschen beim Zusammenklappen der Gartenmöbel auf etwas so Großes hinweist. Auf die Endgültigkeit, die so schwer zu fassen und kaum zu verstehen ist. Aber die letztlich doch so normal und gewöhnlich ist wie ein kleines Geräusch.

Als die Gartenmöbel im Keller verstaut sind, setzen wir uns wieder vor den Kamin. Neben dem Glastisch steht ein kleiner, abgegriffener Lederkoffer.

»Der ist voller Fotos«, erklärt Marion. »Wollen wir mal sehen, ob man da ein wenig Ordnung reinbringen kann?«

Ich öffne den Koffer: eine lose Mischung aus vergilbten Schwarzweißbildern und glänzenden Farbfotos. Manche sind mit einer Büroklammer zusammengeheftet. Bilder von Marion mit bekannten Staatsmännern, Aufnahmen aus Friedrichstein, mit ihren Geschwistern, Marion im Ehrendoktortalar, mit Studienfreunden in Basel während der dreißiger Jahre, Marion im Beduinenzelt in den Fünfzigern, Marion mit Schülern ihrer Schule in Nikolaiken.

Auf einem Umschlag steht: »Kenia 1930«. Wir sehen hinein: Marion und Toffi. Die beiden jungen Geschwister mit Schlapphut und Gewehr auf der Pirsch oder bei einem Picknick in der Savanne. Sie sind durch die Steppe gestreift und haben sich gegenseitig fotografiert: Marion mit Gewehr vor einem See, Toffi, am selben See, spuckt in hohem Bogen klares Wasser aus. »An dem Tag habe ich den Leoparden geschossen«, erinnert sich Marion.

Sie nimmt das eine oder andere Bild in die Hand, oft dreht sie es herum. »Man muss wirklich hinten draufschreiben, von wann die Bilder sind.«

Manche betrachtet sie etwas länger und legt sie dann wortlos beiseite. Schließlich sagt sie: »Ich glaube, es hat keinen Zweck, das jetzt ordnen zu wollen. Ich würde sagen, wir stecken sie alle wieder in den Koffer und machen ihn wieder zu.«

Als Frau Ellermann ihren freien Tag hat, bringe ich aus der Stadt frische Nudeln mit und eine Steinpilzsoße, die Marion besonders gern mag. Während ich in der Küche hantiere, deckt sie im Salon den Tisch. Das dauert lange, denn sie kann ja nur die linke Hand benutzen. Aber sie lässt es sich nicht abnehmen.

Zwischendurch kommt sie und schaut in den Kochtopf.

»Hast du Salz hineingetan?«

»Ja, ist schon drin.«

»Aber nicht zu viel?«

»Nein, genau richtig.«

Nach dem Essen, wir haben das Geschirr schon in die Küche geräumt, bittet sie noch einmal um Hilfe. Es gehe um Weihnachtsgrüße, sagt sie.

Wir machen es uns noch mal vor dem Kamin bequem. Ich habe einen Block und einen Stift vor mir liegen, Marion sitzt zurückgelehnt im Sessel mit einem Zettel in der Hand. Auf ihm ist eine Liste mit Namen von Freunden und Weggefährten verzeichnet. Für jede Person will Marion einen Weihnachtsgruß diktieren, den Irene Brauer am nächsten Tag im Büro in ein bereitliegendes Buch übertragen und verschicken soll. Die Liste mit den Grüßen soll ich Frau Brauer noch heute Abend von zu Hause aus faxen.

Im Laufe der nächsten Stunde diktiert Marion Satz für Satz. Es scheint, als wüsste sie, dass sie das letzte Mal Weihnachtsgrüße verschicken wird. Am meisten fällt es auf bei dem Satz: »… dem ich viel zu verdanken habe und dem ich alles Gute für die Zukunft wünsche.« Das sind Abschiedssätze.

Ich frage mich, warum sie wohl will, dass ich erst einmal notiere – warum diktiert sie es nicht gleich Irene Brauer? Vielleicht soll ich zuhören?

Irgendwann am Abend, die Liste ist längst abgearbeitet, werden wir still – nur noch das Knistern im Kamin ist zu hören. Auf einmal ist es, als ginge von Marion eine tiefe Traurigkeit aus, die den Raum erfüllt und auch mich erfasst.

Beim Abschied an der Tür erzählt sie, dass sie am nächsten Morgen in aller Frühe zum Frisör um die Ecke gehen wolle.

»Gehen? Willst du nicht ein Taxi nehmen?«
»Nein. Sind ja nur fünf Minuten zu Fuß.«
»Es ist aber sehr glatt draußen.«
»Ja, da muss man ein bisschen aufpassen.«

Auf der Rückfahrt sind die Straßen spiegelglatt. Schon in Blankenese kommt mein Auto ins Rutschen. Im Radio wird gewarnt: »Machen Sie es sich lieber zu Hause gemütlich.«

Am nächsten Morgen sitze ich gerade am Schreibtisch, als das Telefon klingelt. Marion ist dran. Sie hat noch einen Weihnachtsgruß vergessen und bittet mich, ihn zu notieren.

»Danke für Vergangenes, gute Wünsche für alles Zukünftige«, spricht ihre Stimme aus dem Hörer.

Ich schreibe es auf. Dann frage ich, ob sie beim Frisör gewesen sei.

»Ja«, antwortet sie zufrieden.

»War es denn glatt?«

»Es ging, sie hatten schon gestreut.«

Wir verabschieden uns: »Bis morgen, auf Gleis vierzehn.«

Weihnachten steht vor der Tür, und wir wollen mit dem Zug nach Köln fahren und dann weiter ins Bergische Land. Ziel ist Schloss Crottorf, wo Hermann und Angelika leben und die Familie traditionell zusammenkommt.

Auf dem Bahnsteig treffe ich Marion und den Fahrer des Verlags, der sie gebracht hat. Die beiden sitzen im geheizten Warteraum. Es sind noch fünfzehn Minuten bis zur Abfahrt. Marion ist angespannt– sie hasst es, auf Züge warten zu müssen. Wie beim Fliegen ist sie auch am Bahnsteig stets der letzte Fahrgast gewesen. Das Risiko kann sie nun nicht mehr eingehen.

»Hat alles geklappt?«, fragt sie.

»Ja. Und bei dir?«

»Ich glaube, ich habe ein Geschenk vergessen, das wäre zu dumm.«

Der Zug fährt ein. Als wir den Warteraum verlassen, spricht Marion den Jugendlichen an, der an der Tür steht: »Ich habe beobachtet, dass Sie jedem die Tür aufgehalten haben – das finde ich wirklich rührend.«

»Danke schön!«, freut sich der Junge.

Der Zug fährt durch die schneebedeckte norddeutsche Landschaft. Der Himmel leuchtet in hellem Weißblau und spiegelt sich in den großen, weit über das Land gesprenkelten Eispfützen. Marion schaut aus dem Fenster. »Wunderschön«, sagt sie leise.

Im Zug ist es still. Wir sind die einzigen Fahrgäste im Großraumwagen, abgesehen von einem Vater mit seinem schlafenden Kind. Ich frage mich, wie die Familientage wohl werden und wie es weitergeht im nächsten Jahr.

Irgendwann senkt sich die Dämmerung über die Landschaft. Auf einmal ist mir klar, dass dies unsere letzte gemeinsame Reise ist.

Der Zug fährt im Kölner Hauptbahnhof ein. Auf dem Bahnsteig spricht ein fremder Mann Marion an. Mit kölschem Akzent sagt er: »Danke für Ihre vielen Artikel!«

Kurz nach Neujahr ist Marion schon wieder in Hamburg. Die Ruhetage auf dem Land haben ihr gut getan, aber die typische Ruhelosigkeit haben sie wieder zurückgetrieben. Sie sieht etwas erholter aus, ist zufrieden und entspannt.

Am ersten Sonntag des neuen Jahres ist es neblig. Marion sitzt am Nachmittag vor dem Fernseher und verfolgt die Vierschanzentournee. Ich setze mich neben sie. Man erwartet einen historischen Sprung von Sven Hannawald. Es dauert aber noch, bis er dran ist. Ich schaue zu Marion, die eingeschlafen ist. Ein paar Minuten später sehe ich noch mal rüber, und jetzt schaut sie wieder aufmerksam zum Fernseher. Ich stehe auf, um mir unten aus der Küche ein Glas Wasser zu holen.

Auf dem Rückweg zieht es mich in den Salon. Der Geruch ist so vertraut. Auch die Energie, die klare Konzentration. An Marions Schreibtischstuhl hängt ihre Handtasche, wie immer. Alles ist wie immer. Nur Marion sitzt nicht dort, wie sie es immer getan hat: kerzengerade, hochkonzentriert beim Verfassen eines Artikels. Die meisten Artikel hat sie hier in diesem Raum geschrieben, an diesem Tisch. Immer mit dem Blick in den Garten.

Nebel liegt über dem winterlichen Garten und taucht ihn in ein milchiges Licht. Bald wird Marion für immer fort sein.

»Komm schnell!«, ruft sie von oben. »Es geht los!«

Ich sprinte die Treppen hoch. Sven Hannawald steht an der Rampe. Er stößt sich ab, lässt sich hinuntergleiten. Er fliegt stramm und doch elegant, man ahnt den historischen Rekord. Er landet, und allen ist sofort klar, dass er es geschafft hat. Noch nie hat jemand alle vier Schanzen gewonnen. Die Menge jubelt, Hannawald reißt die Arme hoch. Als er seinen Helm abnimmt, sagt Marion: »Er sieht nett aus.«

Als ich ein paar Tage später in Marions Büro eintrete, sitzt sie auf dem Sofa und liest Zeitung. Auf dem Couchtisch vor ihr steht eine große weißrote Orchidee.

»Sieh mal«, sagt Marion, »ist die nicht wundervoll?«

Marion bekommt oft Geschenke, viele Blumen sind darunter, aber diese beeindruckt sie besonders. Am Morgen hat sie die Orchidee auf ihrem Tisch vorgefunden, ohne Kärtchen. Irene Brauer hat versucht herauszufinden, von wem das Geschenk stammt, doch der Blumenhändler, bei dem sie sich erkundigte, kannte den Namen des Spenders nicht.

»Schade«, meint Marion, »so richtig freuen kann man sich ja nur, wenn man sich auch bedanken kann.«

Ich setze mich neben sie, und wir plaudern ein wenig. Sie scheint müde zu sein, und ich schlage ihr vor, sich doch einen Augenblick hinzulegen. Sie ist ein wenig unsicher, aber ich weiß, wie ich sie beruhigen kann: »Um mich brauchst du dich nicht zu kümmern, ich lese Zeitung.«

Zwei, drei Minuten schaue ich in die Artikel, dann ist Marion schon eingeschlafen. Ich falte die Zeitung zusammen. Draußen dämmert es. Der Raum ist in warmes Licht getaucht. Es ist ein Mittwoch, der ruhigste Tag im Pressehaus, da die Arbeit für die nächste Ausgabe der *Zeit* erst am nächsten Tag wieder richtig losgeht. Durch die geschlossenen Fenster dringen Verkehrsgeräusche herein. Sie schwellen an wie Wind in großen Bäumen und klingen aus, sobald die Ampeln wieder auf Rot schalten. Aus dem Nachbarraum ist die wohltuende Stimme von Irene Brauer zu hören, ein paar Worte, ein Lachen.

An diesem späten Nachmittag empfinde ich ganz intensiv eine Mischung aus Trauer über das Vergehende und Bewusstsein für die Kraft, die aus der Gegenwart zu schöpfen ist. Etwas, das für Marion so charakteristisch ist.

Die Tatsache, dass wir altersmäßig sechzig Jahre auseinanderliegen, war mir eigentlich nie besonders aufgefallen. In diesem Moment aber wird mir die Konsequenz schmerzlich klar. Als ich zu ihr hinüberblicke, wacht sie gerade wieder auf.

Von der Krankheit geschwächt, hat Marion in den letzten Monaten die ihr verbliebene Energie auf ihren Arbeitsalltag konzentrieren müssen. So ist wohl auch der Schwächeanfall und Sturz zu Hause auf der Treppe zu erklären. Sie kommt ins Krankenhaus, wo sie eine Zeitlang zur Beobachtung bleiben muss. Aber schon nach wenigen Tagen sagt sie, sie wolle nach Crottorf. Es ist ein Zeichen, dass sie entschieden hat zu sterben. In Crottorf liegen auf einem kleinen Dorffriedhof ihre Geschwister, und Marion will ebenfalls dort begraben werden.

Im Schloss gibt es ein kleines Zimmer, in dem Marion immer wohnt, wenn sie zu Besuch ist. Es wird »Marions Zimmer« genannt.

Ihr Leben hat in Ostpreußen in einem Schloss begonnen, in endloser Landschaft, in einem kleinen Zimmer. Von dort hatte sie einen weiten Blick über Wiesen und Wälder. Und so ist es auch jetzt wieder.

»Schön hast du es hier«, sage ich, als ich sie besuche.

»Ja, wundervoll.« Sie strahlt.

Sie ist genau am richtigen Ort. In dem alten Gebäude in der stillen Natur vergeht die Zeit sanft. Um Marion herum herrscht fröhliche Stimmung. Immer mal schaut jemand bei ihr herein, Angelika kommt mit dem Mops, der zum Haus gehört. Marion will ihn sehen. Sie lacht, als er sich in Angelikas Armen windet.

Bevor ich wieder zurück nach Hamburg fahre, besuche ich Marion noch einmal in ihrem Zimmer.

»Schön, dass du da warst«, sagt sie.

»Ich fand es auch schön«, sage ich und gebe ihr einen Handkuss. Das habe ich zuvor noch nie getan. In den vergangenen Monaten habe ich mich schon so oft von ihr verabschiedet in dem Glauben, es könnte das letzte Mal gewesen sein. Ich glaube, ihr ging es genauso. Als ich die Tür zu ihrem Zimmer schließe, ist sie schon wieder eingeschlafen. In ein paar Tagen werde ich wieder zurück sein.

Früh am Montag, dem 11. März, klingelt bei mir in Hamburg das Telefon. Angelika ist dran. »Es ist heute Nacht passiert«, sagt sie. »Es war ganz friedlich.«

Ich packe meine Sachen, um nach Crottorf zu

fahren. Das Erste, was mir auffällt, als ich die Straße betrete, ist die klare Frühlingsluft.

Ich fahre im Zug dieselbe Strecke, die Marion und ich wenige Wochen zuvor gemeinsam gefahren sind. Es ist nichts Unerwartetes passiert, aber es ist nicht zu fassen. Auf meinem Handy erreichen mich Anrufe, auch von Leuten, mit denen ich lange nicht gesprochen habe. Die Nachrichten haben es offenbar gebracht, jetzt ist es offiziell: Marion Gräfin Dönhoff ist gestorben.

Verrückt.

Als ich im Taxi durchs Bergische Land fahre, werden im Radio Reaktionen von Politikern verlesen, vom Kanzler, vom Bundespräsidenten und anderen. Ich fühle mich leer.

Kurz darauf betrete ich Marions Zimmer. Sie sieht noch genauso aus, wie ich sie zuletzt gesehen habe. Aber sie schläft nicht. Marion ist tot.

Einige Wochen nach Marions Beerdigung versammelt sich die Familie wieder in Forio auf Ischia. Das Erste, was wir sehen, ist das »grande disastro«: Die Pinie ist tatsächlich umgefallen, in einer Nacht, mit einem Krachen, das man in ganz Forio gehört hat. Ein Teil ist nach hinten gefallen und hat ein riesiges Loch in die Mauer geschlagen. Der größere Teil aber ist in den Garten gestürzt und hat ihn zur Hälfte verwüstet. Das Haus ist unbeschädigt geblieben. Die Aufräumarbeiten werden eine Weile dauern.

Es hat sich schnell in Forio herumgesprochen, dass Marion gestorben ist. Nur der alte Postkartenverkäufer hat es noch nicht erfahren. Er fragt nach ihr.

Als ich es ihm erzähle, klatscht er in die Hände und ruft: »Bravo! Ein tolles Leben!«

# Nachbemerkung

Gleich nach Marions Tod im März 2002 habe ich mit der Arbeit an diesem Buch begonnen. Vielleicht war es die Ahnung, dass der Verlust auf diese Weise leichter zu verschmerzen wäre. Es hat jedenfalls geholfen: Lange Zeit habe ich Marion nicht vermisst. Genau genommen hatte ich nicht einmal das Empfinden, dass sie überhaupt weg sei. Vermutlich spielen dabei auch die Lesungen eine Rolle, die ich aus diesem Buch gehalten habe, und noch immer halte, bei denen Marion immer sehr präsent ist.

Nach den Lesungen kommt es häufig zu Gesprächen mit den Zuhörern, und oftmals erfahre ich dabei, was andere Menschen mit Marion verbindet. So stand eines Tages eine aparte junge Frau mit einem Buch zum Signieren an. Als ich fragte, für wen das Buch sei, antwortete sie: »Für Marion.«

»Ach, und wer ist das?«

»Das bin ich.«

Wie sich herausstellte, war die Frau, geboren

1987, nach Marion benannt worden, und als Erwachsene hatte sie begonnen, sich für ihre Namenspatronin zu interessieren. In Oslo erzählte mir eine Norwegerin in fließendem Deutsch, sie habe in einer norwegischen Zeitung ein Portrait über Marion gelesen. Es hätte sie so sehr fasziniert, dass sie die deutsche Sprache lernte, nur um Marions Bücher im Original lesen zu können. In Berlin erklärte eine Mutter mit einem Augenzwinkern, dass ihre Tochter die Reinkarnation sein könnte, weil sie an Marions Todestag geboren wurde. Sie hat ihrer Tochter sicherheitshalber den Namen Marion gegeben.

In Briefen, die ich von Leserinnen und Lesern bekomme, wird oft bedauert, dass es zwischen den Generationen so wenig Kontakt gebe. Interessanterweise wird dieses Defizit eher von jüngeren Menschen wahrgenommen. Entweder ist die Chance verpasst, weil Großmutter oder Großvater bereits gestorben sind, oder aber – und das ist offenbar nicht selten der Fall – sind manche Alte nicht wirklich daran interessiert zu erfahren, was junge Menschen beschäftigt. Gleichzeitig ist es eine traurige Tatsache, dass viele alte Menschen unter Einsamkeit leiden. Es wäre schön, wenn dieses Buch dazu beitragen könnte, dass Junge und Alte aufeinander zugehen, sich kennenlernen, ihre Beziehung pflegen und vertiefen. Der Versuch wird sich lohnen, da bin ich mir ganz sicher.

Kurz nachdem *Die Welt ist so, wie man sie sieht* erschienen war, bekam ich einen Anruf aus Zürich. Daniel Keel, der Verleger des Diogenes Verlags, war dran. Er sagte, er habe das Buch gerne gelesen, und fragte, ob ich auch Belletristisches schreiben würde. Tatsächlich hatte ich zu diesem Zeitpunkt bereits mit der Arbeit an einem Kriminalroman begonnen. 2008 erschien dann im Diogenes Verlag *Savoy Blues*, der erste Band einer Reihe um den jungen Kommissar Sebastian Fink, der in Hamburg ermittelt. Seither bin ich oft gefragt worden, was Marion wohl zu meinen Krimis gesagt hätte. Das weiß ich leider nicht. Aber ich kann mich gut daran erinnern, was sie mir einmal in ihrer unnachahmlichen diplomatischen Art sagte: »Ich würde dich natürlich nie fragen, woran du arbeitest, aber du sollst wissen: Falls du mir etwas zeigen wolltest, würde es mich sehr interessieren.«

Der Diogenes Verlag gibt nun *Die Welt ist so, wie man sie sieht* als Taschenbuch heraus und stellt ihm ein Hörbuch zur Seite, das ich selbst einlesen durfte. Nur gut, dass mir vorher nicht klar war, wie schwer die Aufgabe werden würde, ein gesamtes Buch minutiös durchzuarbeiten und in einem schalldichten Raum Wort für Wort einzulesen, sonst hätte ich das Projekt womöglich gar nicht begonnen. Dann aber war es eine besondere Freude, und es war eigenartig spannend, in die Vergangenheit einzutauchen. Ich zog also noch einmal als junger Mann nach Hamburg, wohnte bei Marion, die neunziger Jahre wurden lebendig, als gäbe es kein Danach. Marion und ich reisten nach Südafrika und Italien, spazierten an der Elbe und in den Schweizer Bergen, saßen im Kino oder vor dem Kamin. Frau Ellermann brachte das Kalbsgulasch und schwärmte von ihren Kartoffeln aus der Heide. Es wurde über Dackel und Kanzler gesprochen, über Gott und die Welt.

Die Aufnahmen im Tonstudio dauerten mehrere Tage. Wenn ich danach durch das abendlich dunkle Hamburg ging, vergaß ich manchmal, dass die Zeit vorangestürmt war, dass der Ausruf des Postkartenverkäufers »Bravo! Ein tolles Leben!«, schon zehn Jahre zurücklag.

Zwanzig Jahre lang, bis zu ihrem Tod, hat Marion in meinem Leben eine wichtige Rolle gespielt. Nach dem Abschluss der Arbeit an dem Erinnerungsbuch sagte ich damals zu einer Freundin: »Jetzt beginnt das Leben ohne Marion.«

Ihre Antwort: »Wieso? Marion wird dich dein Leben lang begleiten.«

So ist es gekommen. Marion ist in meinem Leben Vergangenheit und Gegenwart in einem geworden.

# Zeittafel

| | |
|---|---|
| 1909 | Marion Gräfin Dönhoff wird am 2. Dezember auf Schloss Friedrichstein bei Königsberg/Ostpreußen geboren |
| 1924 | Sturz im Auto in den Fluss Pregel, Marion Dönhoff überlebt nur knapp |
| 1928 | Abitur in Potsdam |
| 1930 | Längerer Aufenthalt bei ihrem Bruder Christoph in Kenia |
| 1931–35 | Studium der Volkswirtschaft in Frankfurt am Main und Basel, Promotion bei Edgar Salin zum Dr. rer. pol. |
| 1935 | Mit ihrer Schwester Yvonne Reise im offenen Cabrio zum Balkan. Später weitere lange Autoreisen mit Yvonne |
| 1936 | Einarbeitung in die Verwaltung der Dönhoff'schen Familiengüter in Friedrichstein und Quittainen, deren Leitung sie 1939 übernimmt |
| 1940er | Diverse Kontakte zu den Männern vom 20. Juli 44 |
| 1945 | Flucht aus Ostpreußen auf ihrem Pferd Alarich |
| ab 1946 | Mitglied der Redaktion *Die Zeit*: Leiterin des politischen Ressorts, Chefredakteurin, Herausgeberin |
| 1989 | Erste Rückkehr nach Friedrichstein |
| 1992 | Enthüllung des Kant-Denkmals in Kaliningrad, das sie gestiftet hat |
| 1999 | Ehrenbürgerin der Stadt Hamburg |

2002 11. März: Marion Gräfin Dönhoff stirbt auf Schloss
Crottorf bei Friesenhagen

Marion Dönhoff erhielt zahlreiche Preise und Ehrungen,
darunter 1966 den Theodor-Heuss-Preis, 1971 den Friedenspreis des Deutschen Buchhandels, 1988 den Heinrich-Heine-Preis, 2000 den Europäischen St.-Ulrichs-Preis. Sie erhielt sechs Ehrendoktorwürden, darunter die der Columbia University, New York (1982), der Universität Torun (1991) und der Universität Birmingham (1999).

Marion Gräfin Dönhoff war bis zu ihrem Tod Herausgeberin der *Zeit*. Sie schrieb in ihrer 56 Jahre währenden Karriere als Journalistin 2000 Artikel, Analysen und Reportagen und veröffentlichte über 25 Bücher.

*Friedrich Dönhoff
im Diogenes Verlag*

Friedrich Dönhoff, geboren 1967 in Hamburg, ist in Kenia aufgewachsen. Er studierte Geschichte und Politik, verfasste Biographien und schrieb den Bestseller *Die Welt ist so, wie man sie sieht – Erinnerungen an Marion Dönhoff.* Seit 2008 schreibt er Kriminalromane um den jungen Kommissar Sebastian Fink. Friedrich Dönhoff lebt in Hamburg.

»Friedrich Dönhoff hat einen kristallklaren Stil. Mit Sebastian Fink hat er einen sehr zeitgeistigen Ermittler geschaffen, der in ungewöhnlichen ›Familienverhältnissen‹ lebt und Erfahrungen in der Single-Szene macht. Ein aufsteigender Stern!«
*New Books in German, London*

*Die Welt ist so,
wie man sie sieht*
Erinnerungen
an Marion Dönhoff
Auch als Diogenes Hörbuch erschienen,
gelesen von Friedrich Dönhoff

*Ein gutes Leben
ist die beste Antwort*
Die Geschichte des Jerry Rosenstein

Die Fälle für Sebastian Fink:
*Savoy Blues*
Roman

*Der englische Tänzer*
Roman

*Seeluft*
Roman

*Heimliche Herrscher*
Roman